3言語が学べる
欲張りな1冊！

フランス語
Français

スペイン語
Español

イタリア語
Italiano

3言語が
同時に
身につく本

北海道大学教授
藤田 健

かんき出版

はじめに

　フランス語・スペイン語・イタリア語は、わたしたち日本人に比較的なじみのある国・地域で使われています。いずれも長い歴史の中で育まれた豊かな文化を背景にもつ、とても魅力的な言語です。これら3言語は、ロマンス諸語という言語グループに属し、兄弟関係にあります。古代ローマで使われていたラテン語を共通の祖先としているため、似ている点がとても多く、1つの言語を知っているとほかの言語を学ぶのが非常に楽だと言えます。

　この本は、この3言語の近い関係を最大限活用して、一緒に学んでしまおうという欲ばりな目的で書きました。いくら似ていると言っても、3つを同時に学ぶのは簡単なことではありませんので、扱う内容を厳選しました。この本の特長は、それぞれの言語の共通点と独自の特徴がわかるように、文法の説明に力を入れた点にあります。特に、3言語の学習でカギとなる動詞の現在形の習得については、よく使う動詞をもれなく取り上げ、初心者がつまずきがちな活用について新しい覚え方を示しました。文法事項ごとにキーフレーズを設定し、簡単な表現を覚えながら文法が学べるように工夫しています。文法は言語の土台をなすルールで、外国語をある程度深く知ろうとするならば、必ず必要になるものです。文法があまり好きではないという方にも読んでいただけるように、説明はできるだけわかりやすくするようにつとめました。みなさんにとってなじみの深い英語との比較も随所に取り入れています。

　勉強にメリハリをつけるために、学んだ文法事項に関連して、先人の英知がつまったことわざを3言語でならべてみるコーナーや、それぞれの文法事項に関するちょっとしたお話を、ネコたちがおしゃべりするという形で紹介するコラムも用意しました。

　厳選したとはいえ分量は少なくなく、勉強は大変かと思いますが、みなさんそれぞれのペースで少しずつ進んでいただければと思います。楽しみながら勉強するというのがとても大切です。

　この本を書くにあたって、企画を提案してくださり、出版にこぎつけるまで根気強く対応していただいた前澤美恵子さんに、心より感謝の意を表します。また、筆者のわかりにくい文章を丁寧にチェックしたうえで手直しをしてくれた妻にこの本をささげたいと思います。

もくじ

4

5

本書の使い方

3つの言語のきほん①　アルファベット

3つの言語とも基本的には英語と同じですが、少しずつ違う点があります。

F フランス語　♪01

Aa Bb Cc Dd Ee Ff Gg
ア　ベ　セ　デ　ウ　エフ　じぇ

Hh Ii Jj Kk Ll Mm Nn
アシュ　イ　じ　カ　エる　エム　エヌ

Oo Pp Qq Rr Ss Tt Uu
オ　ペ　キュ　エール　エス　テ　ユ

Vv Ww Xx Yy Zz
ヴェ　ドゥブるヴェ　イクス　イグレック　ゼッド

このうち、kとwは本来のフランス語ではなく、外来語を表記するのに使われます。ひらがなで書いたところは発音に注意が必要なものです。発音のところで説明します。

S スペイン語　♪02

スペイン語独特の文字が1つあります。

Aa Bb Cc Dd Ee Ff Gg
ア　ベ　セ　デ　エ　エフェ　へ

Hh Ii Jj Kk Ll Mm Nn Ññ
アチェ　イ　ホタ　カ　エれ　エメ　エネ　エニェ

Oo Pp Qq Rr Ss Tt Uu
オ　ペ　ク　エれ　エセ　テ　ウ

Vv Ww Xx Yy Zz
ウベ　ウベドブれ　エキス　イグリエガ　セタ

やはりkとwは本来のスペイン語ではなく、外来語を表記するのに使われます。

I イタリア語　♪03

イタリア語のアルファベットは5つ少ない21文字です。

Aa Bb Cc Dd Ee Ff Gg
ア　ビ　チ　ディ　エ　エッフェ　じ

Hh Ii Ll Mm Nn
アッカ　イ　エッレ　エンメ　エンネ

Oo Pp Qq Rr Ss Tt Uu
オ　ピ　ク　エッレ　エッセ　ティ　ウ

Vv Zz
ヴ　ゼータ

次の5文字は外来語の表記のみに使われ、アルファベットとしても別に扱われます。

Jj Kk Ww Xx Yy
イ＊ルンゴ　カッパ　ドッピョヴ　イクス　イプスィろン

> はじめに、フランス語、スペイン語、イタリア語の3つの言語のきほん、アルファベット、アクセント、発音について解説しています。
> 3つの言語とも、アルファベットは英語とは少しずつ異なる点があるので知っておきましょう。
> 発音とアクセントについては3つの言語それぞれに難しい点がありますが、できるだけネイティブに近い発音ができるように表記を工夫しました。また、ネイティブの発音を収録してありますので、ぜひ音声を聞きながら発音の練習をしてください。

3つの言語のきほん②　発音

　それぞれの言語につづり字の読み方のルールがありますが、3つの言語を一度に扱うとかなり複雑になってしまうので、以下では主なものについて紹介します。ここでは書ききれなかった細かい読み方のルールもありますが、新しく覚える単語については1つひとつ辞書などで発音を確認するのがよいでしょう。
　この本では、単語や文の下に発音を示す主にカタカナのふりがなを添えることにしますので、それを参考に音声を聞いてそれぞれの言語の音に慣れていってください。例を3つ並べている場合は、フランス語、スペイン語、イタリア語の順にあげてあります。Fと記されているのはフランス語、Sはスペイン語、Iはイタリア語です。

※この本でのひらがなの使い方
注意すべき発音はひらがなで表すことにします。カタカナで表す音としっかり区別してください。

「ファ」「フィ」「フ」「フェ」「フォ」　♪04
fの読み方で、英語と同じく、下唇に上の歯を軽く当てて息を出します。
F fruit　S fruta　I frutto　「果物」
フりュイ　フるタ　フるット

「コーヒーを1杯ください。」

♪39

F（フランス語）
Un café, s'il vous plaît.
アン　キャフェ　スィる　ヴ　プれ

un ▶ ひとつの　café ▶ コーヒー（男性名詞）
s'il vous plaît ▶ どうぞ、お願いします

名詞にはふつう冠詞（この文では不定冠詞）をつけます。大事な café
のほうをより強く発音します。フランス語は単語をなめらかにつなげて
発音するようにしましょう。

S（スペイン語）
Un café, por favor.
ウン　カフェ　ボル　ファボル

un ▶ ひとつの　café ▶ コーヒー（男性名詞）
por favor ▶ どうぞ、お願いします

太字で示したアクセントのある部分は強く発音しましょう。スペイン語
やイタリア語の強器アクセントは、日本語の高低アクセントや音の長
短とは違います。音声をよく聞いてください。

I（イタリア語）
Un caffè, per favore.
ウン　カッフェ　ベル　ファヴォーレ

un ▶ ひとつの　caffè ▶ コーヒー（男性名詞）
per favore ▶ どうぞ、お願いします

スペイン語とイタリア語はよく似ていますね。ただ、読み方としては、
イタリア語のほうがゆったりした感じになります。アクセントのある部
分は強く、かつ長く発音します。

3つの言語とも、「コーヒー」にあたる単語に、「お願いします」という意味の
フレーズが続きます。これは英語の please にあたります。レストランなどで使
える便利な表現です。2つ以上のコーヒーを頼む表現は、後の基数詞の章で
学びます（Lesson13）。発音するときは、不定冠詞 un を締めに、次の名詞に
つなげて発音します。

「un」は英語の「a」にあたる不定冠詞ですが、英語との大きな違いは、名詞
によって不定冠詞の形が変わるところです。この3つの言語には、名詞に男性
と女性の2種類があるからです。人や数えられるモノを表す名詞の場合には、
ふつうは冠詞をつけます。「コーヒー」ははじめて話題に上っているので、不定
冠詞をつけています。ここでは「ひとつ」という数詞の意味もあります。

この本のメインとなる、3つの言語で例文を紹介するページです。左のページでは、
日本語とその意味を表すフランス語、スペイン語、イタリア語のキーセンテンスを紹
介しています。右ページにはそれぞれの言語でカギとなる表現や文法、発音するとき
に気をつけることなどを解説しています。3言語の共通点や相違点、英語との違い
などが楽しく学べます。文法上の注意点についてもわかりやすく解説しています。

♪音声ダウンロード

♪のマークがついた部分の音声を収録しています。各レッスンのキーセンテンス
とことわざを、2種類のスピードで収録してあります。
（♪のマークの右にある番号はトラック番号です）

音声ダウンロードの方法は、p.11をご覧ください。
フランス語ナレーター Sylvain DETEY
スペイン語ナレーター Yolanda Fernández
イタリア語ナレーター Alessio D'Alessandro
日本語ナレーター水月　優
収録　ELEC

名詞の性と不定冠詞

名詞の性

3つの言語とも、「男性名詞」と「女性名詞」という、2種類の文法上の性の区別があります。ラテン語では中性名詞がありましたが、これらの言語では中性名詞は多くは男性名詞に吸収されました。生物学的に性がある人や動物を表す名詞は、文法上の性も基本的にこれに一致します。動物の場合、種全体を表すときは男性名詞のほうを使います。

男性名詞	F	S	I	男性名詞	F	S	I
「父」	père ペール	padre パドレ	padre パードレ	「兄、弟」	frère フレール	hermano エルマノ	fratello フラテッロ
「男の子」	garçon ギャルソン	chico チコ	ragazzo ラガッツォ	「(男の)友達」	ami アミ	amigo アミーゴ	amico アミーコ
「犬」	chien シアン	perro ペロ	cane カーネ	「猫」	chat シャ	gato ガト	gatto ガット

女性名詞	F	S	I	女性名詞	F	S	I
「母」	mère メール	madre マドレ	madre マードレ	「姉、妹」	sœur スール	hermana エルマナ	sorella ソレッラ
「女の子」	fille フィーユ	chica チカ	ragazza ラガッツァ	「(女の)友達」	amie アミ	amiga アミーガ	amica アミーカ
「雌犬」	chienne シエンヌ	perra ペラ	cagna カーニャ	「雌猫」	chatte シャット	gata ガタ	gatta ガッタ

★ 男性名詞と女性名詞の見分け方

性の区別がないモノを表す名詞については、次のようにスペイン語とイタリア語では、語末の母音を見れば性がわかるものが結構あります。しかし、語末を見ても性が見分けられないものもたくさんあり、それは覚えなければなりません。フランス語は、一部の語の見分け方がないわけではないのですが、複雑なのでここでは省略します。3つの言語の名詞の性は、同じ語源の名詞ならば原則として同じですので、特にイタリア語を軸にして一緒に覚えると効率がよいでしょう。

◉イタリア語やスペイン語で、oで終わる名詞 ▶ 男性名詞

	F	S	I		F	S	I
「本」	livre リヴル	libro リブロ	libro リブロ	「ワイン」	vin ヴァン	vino ビノ	vino ヴィーノ
「絵」	tableau タブロー	cuadro クアドロ	quadro クアドロ	「目」	œil ウイユ	ojo オホ	occhio オッキオ

★ 例外的にoで終わる女性名詞

	F	S	I		F	S	I
「手」					main マン	mano マノ	mano マーノ
「写真」 photographie, fotografía, fotografia(の省略形)					photo フォト	foto フォト	foto フォート

◉イタリア語やスペイン語で、aで終わる名詞 ▶ 女性名詞

	F	S	I		F	S	I
「家」	maison メゾン	casa カサ	casa カーザ	「水」	eau オー	agua アグア	acqua アックア
「テーブル」	table ターブル	mesa メサ	tavola ターヴォラ	「口」	bouche ブーシュ	boca ボカ	bocca ボッカ

★ 例外的にaで終わる男性名詞

	F	S	I		F	S	I
「テーマ」	thème テーム	tema テマ	tema テーマ	「問題」	problème プロブレム	problema プロブレマ	problema プロブレーマ

◉覚えなければいけないもの（語源が同じ場合と、そうでない場合があります）

男性名詞	F	S	I	男性名詞	F	S	I
「木」	arbre アルブル	árbol アルボル	albero アルベロ	「国」	pays ペイ	país パイス	paese パエーゼ
「新聞」	journal ジュルナル	periódico ペリオディコ	giornale ジョルナーレ	「愛」	amour アムール	amor アモル	amore アモーレ

> センテンスに出てきた文法を解説しています。3つの言語には男性名詞と女性名詞があるなど、英語と異なる点も多いですが、3言語間の違いもまじえながら丁寧に説明しています。

> 文法事項の勉強が終わったら、ことわざを3つの言語で比較してみるコーナーを設けました。それぞれの言語から生活・文化の違いなども見えてくる、興味深い内容になっています。

— ことわざ②

「言葉は銀、沈黙は金」

F La parole est d'argent, le silence est d'or.
ら パロる エ ダルじゃん る スィらんス エ ドール

S La palabra es de plata, pero el silencio es de oro.
ら パらブラ エス デ プらタ ペロ える スィれンすィオ エス デ オロ

I La parola è d'argent, il silenzio è d'oro.
ら パローら エ ダルジェント いる スィれンツィオ エ ドーロ

直訳すれば「言葉は銀でできているのに対して、沈黙は金でできている」です。parole, palabra, parola が「言葉、単語」、silence, silencio, silenzio が「沈黙」で、それぞれに定冠詞がついていて、ここでは「言葉というものは」、「沈黙というものは」という意味で使われています。est, es, è は後で習う be 動詞です。argent, plata, argento が「銀」、or, oro が「金」で、材料を表す前置詞 de, d' と一緒に使われて、「〜でできている」という意味です。

黙っていることの重みを伝えていますね。

ネコたちのおしゃべり①
（L 麻呂はラテン語、S 樹はスペイン語、F 奈はフランス語、I 美はイタリア語）

L 麻呂：英語もそうだが冠詞とはややこしいのぉ。おじいちゃんにはなかったのに、孫のお前たちはなんでそんなものを持つようになったんだい？

S 樹：冠詞があれば、知ってるものについて話しているのか、知らないものについてなのかが聞いてる人にすぐわかって便利だよ。でも F 奈は複数形にも不定冠詞をつけなきゃいけないのが面倒だな。僕は単数の名詞につければいいだけだから簡単だよ。

F 奈：S 樹は単語が長ったらしいから、複数かどうかが名詞の音を聞くだけでわかるからいいけど、私の場合は単語が短くまとまっていて、発音しない語尾の音もあるからその代わりに冠詞が必要になるのよ。

S 樹：へえー、発音と冠詞ってとっても深いつながりがあるんだな。

I 美：単語が長くて音を聞くだけで複数かどうかがわかるのは私も同じだけど、複数形につく部分冠詞複数っていうのがあるのよ。ただ、F 奈みたいに必ずつけるというわけじゃなくて、「いくつかの」っていうニュアンスを出したいときに使うわ。

S 樹：それだったら僕にも同じような語があるけど、そんなに使わないから冠詞とは言えないな。そういう点では僕は英語に似てるかも。

L 麻呂：3人ともおじいちゃんの持ちものを使って、違う育ち方をしたんじゃな。

フランス語 流れるように… なめらかに…

スペイン語 かぶり忘れたりしないで！

イタリア語 紳士淑女にふさわしく

文法事項の勉強の後には「ネコたちのおしゃべり」のコーナーもあります。それぞれの言語がネコの形をとり、愛情と誇りをもって自身の特徴を互いに語り合います。
フランス語は F 奈、スペイン語は S 樹、イタリア語は I 美です。
ラテン語の「L 麻呂」も登場し、3つの言語の祖であるラテン語との比較についてコメントを加えます。

♪音声ダウンロードの方法

本書の音声はお手持ちのスマートフォンやタブレットで、すべて無料でお聴きいただけます。

右の QR コードまたは https://www.abceed.com より、アプリ「abceed」をダウンロードのうえ、『フランス語スペイン語イタリア語 3言語が同時に身につく本』と検索してください。

※ abceed は株式会社 Globee の商品です。
※本書の音声は abceed 以外での再生には対応しておりません。

音声に関する不具合は、下記 URL からお問い合わせください。
［お問い合わせフォーム］
https://www.abceed.com/contact

3つの言語とも基本的には英語と同じですが、少しずつ違う点があります。

┌─ **F** フランス語 ─────────────── ♪01

Aa	Bb	Cc	Dd	Ee	Ff	Gg
ア	ベ	セ	デ	ウ	エフ	じェ
Hh	Ii	Jj	Kk	Ll	Mm	Nn
アシュ	イ	じ	カ	エる	エム	エヌ
Oo	Pp	Qq	Rr	Ss	Tt	Uu
オ	ペ	キュ	エール	エス	テ	ゅ
Vv	Ww	Xx	Yy	Zz		
ヴェ	ドゥブるヴェ	イクス	イグレック	ゼッドゥ		

このうち、k と w は本来のフランス語ではなく、外来語を表記するのに使われます。ひらがなで書いたところは発音に注意が必要なものです。発音のところで説明します。

┌─ **S** スペイン語 ─────────────── ♪02

スペイン語独特の文字が1つあります。

Aa	Bb	Cc	Dd	Ee	Ff	Gg
ア	ベ	せ	デ	エ	エフェ	ヘ
Hh	Ii	Jj	Kk	Ll	Mm	Nn	Ññ
アチェ	イ	ホタ	カ	エれ	エメ	エネ	エニェ
Oo	Pp	Qq	Rr	Ss	Tt	Uu
オ	ペ	ク	エレ	エセ	テ	ウ
Vv	Ww	Xx	Yy	Zz		
ウベ	ウベドブれ	エキス	イグリエガ	せタ		

やはり k と w は本来のスペイン語ではなく、外来語を表記するのに使われます。

♪03

I イタリア語

イタリア語のアルファベットは5つ少ない21文字です。

Aa	Bb	Cc	Dd	Ee	Ff	Gg
ア	ビ	チ	ディ	エ	エッフェ	ジ

Hh	Ii	Ll	Mm	Nn
アッカ	イ	エっれ	エンメ	エンネ

Oo	Pp	Qq	Rr	Ss	Tt	Uu
オ	ピ	ク	エルレ	エッセ	ティ	ウ

Vv	Zz
ヴィ、ヴ	ヅェータ

次の5文字は外来語の表記のみに使われ、アルファベットとしても別に扱われます。

Jj	Kk	Ww	Xx	Yy
イぅるンゴ	カッパ	ドッピョヴ	イクス	イプスィろン

3つの言語のきほん②　発音

　それぞれの言語につづり字の読み方のルールがありますが、3つの言語を一度に扱うとかなり複雑になってしまうので、以下では主なものについて紹介します。ここでは書ききれなかった細かい読み方のルールもありますが、新しく覚える単語については1つひとつ辞書などで発音を確認するのがよいでしょう。

　この本では、単語や文の下に発音を示す主にカタカナのふりがなを添えることにしますので、それを参考に音声を聞いてそれぞれの言語の音に慣れていってください。例を3つ並べている場合は、フランス語、スペイン語、イタリア語の順にあげてあります。**F**と記されているのはフランス語、**S**はスペイン語、**I**はイタリア語です。

※この本でのひらがなの使い方
注意すべき発音はひらがなで表すことにします。カタカナで表す音としっかり区別してください。

「ファ」「フィ」「フ」「フェ」「フォ」　♪04
fの読み方で、英語と同じく、下唇に上の歯を軽く当てて息を出します。

F fruit　　**S** fruta　　**I** frutto　「果物」
　フリュイ　　　フルタ　　　　フルット

「ニャ」「ニ」「ニュ」「ニェ」「ニョ」　♪05
フランス語とイタリア語ではgn、スペイン語では専用の文字ñの読み方です。

F compagnon　　**S** compañero　　**I** compagno　「仲間」
　コンパニョン　　　　コンパニェーロ　　　コンパンニョ

「ら」「り」「る」「れ」「ろ」　♪06
lの読み方で、英語のlに近い発音です。この本ではひらがなで表します。舌の先を上の歯の根元にしっかりつけて「る」と発音します。「ラ」などのふりがなで表すrと区別しましょう。

F langue　　**S** lengua　　**I** lingua　「舌、言語」
　らんグ　　　　れングワ　　　　リングワ

「スィ」　♪07

si などの読み方で、英語の sick の si と同じように発音します。「シ」にならないように注意してください。

F silence
スィらんス

S silencio
スィれンすいオ

I silenzio 「沈黙」
スィれンツィオ

「ズィ」　♪08

フランス語とイタリア語の母音に続く si などの読み方で、英語の zip の zi と同じように発音します。「ジ」にならないように注意してください。

F quasiment
キャズィまん

I quasi 「ほぼ」
クワーズィ

「ヴァ」「ヴィ」「ヴ」「ヴェ」「ヴォ」　♪09

フランス語とイタリア語の v の読み方で、英語の v と同じように下唇に上の歯を軽く当てて声と同時に息を出します。スペイン語では、v はこの音ではなく、b と同じバ行の発音になるので注意しましょう。

F vacances
ヴァかんス

S vacaciones
バカすぃオネス

I vacanze 「休暇」
ヴァカンツェ

「じゃ」「じ」「じゅ」「じぇ」「じょ」　♪10

フランス語の gi, ge や j の読み方で、日本語にない音です。この本では「じ」だけをひらがなで表します。「ジ」に近い音ですが、舌を上あごにつけずに「シ」と発音してそのまま声を出せばだいたいこの音になります。

F gilet 「チョッキ」
じれ

F jaune 「黄色い」
じョンヌ

「ウ」 ♪11

フランス語の ou の読み方で、口をぐっと前に突き出して「ウ」と発音します。この本では下線で「<u>ウ</u>」「<u>ク</u>」のように表します。ただし子音 j に続くときは「<u>じゅ</u>」とすることにします。スペイン語やイタリア語の u も同じ発音ですが、これらの言語ではほかにまぎらわしい母音がないので、ふつうに「ウ」のように表すことにします。日本語の「ウ」とはだいぶ違う音です。

F coupe 「杯」　　**F** joue 「頬」
　　　<u>クッ</u>プ　　　　　　<u>じゅ</u>

「う」 ♪12

フランス語の eu の読み方で、口をある程度丸めて「エ」と発音します。この本では「う」「む」のようにひらがなで表します。ただし子音 f, j, l, r にこの母音が続く場合は「フぅ」「じぅ」「るぅ」「ルぅ」とします。フランス語の ou の読み方である「ウ」やスペイン語・イタリア語の u とは違う音です。

F feu 「火」　　**F** moelleux 「柔らかな」　　**F** heureux 「幸せな」
　　フぅ　　　　　　ムワるぅ　　　　　　　　　　　　　うルぅ

「ゅ」 ♪13

フランス語の u の読み方で、口をぐっと前に突き出して「イ」と発音します。この本では「フゅ」「ニゅ」のようにひらがなで表します。日本語の「ユ」とはだいぶ違う音です。

F mûr 「熟した」
　　ミゅール

「アン」「オン」 ♪14

フランス語の鼻母音という独特の音です。in, im, ain, aim, ein, un, um は「ア」を鼻に抜いて「アン」と発音し、on, om は「オ」を鼻に抜いて「オン」と発音します。この本では鼻母音は「カン」のように「ン」を小さい文字で表すことにします。子音 l に続くときは r と区別するために「らン」「ろン」などとすることにします。鼻母音を発音するときは、あごも舌も動かさないようにします。

F impossible 「不可能な」　　**F** savon 「石けん」　　**F** long 「長い」
　アンポスィーブる　　　　　　　　　サヴォン　　　　　　　ろン

「あん」　♪15

フランス語の an, em などの読み方で、やはり鼻母音です。「ア」と「オ」の中間の音を鼻に抜いて「あん」と発音します。この本ではこの音をひらがなで「かん」「まん」のように表すことにします。ただし子音 r に続くときは l と区別するために「らん」とすることにします。「アン」とは違う音なので、注意しましょう。

F ambiance 「雰囲気」　　**F** rang 「列」
　あんびやんス　　　　　　　　　らん

「さ」「すぃ」「す」「せ」「そ」　♪16

スペイン語の ci, ce や z の読み方で、英語の thick の th と同じように発音します。

S cena 「夕食」　　**S** zona 「地域」
　せナ　　　　　　　　そナ

「ふ」　♪17

スペイン語の ju の読み方で、日本語の「ふ」のように発音します。fu「フ」と区別しましょう。

S juguete 「おもちゃ」
　ふゲテ

「りゃ」「りぃ」「りゅ」「りぇ」「りょ」　♪18

イタリア語の gli の読み方で、舌先を下の歯の裏側につけて「り」と発音します。この本ではひらがなで表します。語中では舌を動かさずに「ぃり」のように長めに発音します。イタリア語でいちばん発音が難しい音です。「グリ」ではないので注意しましょう。

I sbaglio 「誤り」
　ズバぃりょ

　フランス語ではアクセントを気にする必要はありませんが、スペイン語とイタリア語ではそれぞれの単語にアクセントがあるので、英語と同じように覚えなければなりません。アクセント記号がついた母音には必ずアクセントが置かれます。

　この本では、スペイン語とイタリア語の単語でアクセントの置かれるところを太字で示すことにします。

S lápiz　「鉛筆」　　**I** curiosità　「好奇心」
　らぴす　　　　　　　　　クリオズィ**タ**

イタリア語では日本語の促音「ッ」のように発音します。l が重なって ll となる場合は、舌を動かさずに「る」を長めに発音します。この本では「ぅる」と表します。r が重なって rr となる場合は、巻き舌で「ルル」のような発音になります。

I ballo　「踊り」　　**I** burro　「バター」
　バ**ぅる**　　　　　　　　ブ**ロ**

スペイン語では原則として同じ子音が重なることはありませんが、ll と rr に注意しましょう。ll は l とはまったく違う音で、「ジャ」「ジ」「ジュ」「ジェ」「ジョ」あるいは「リャ」「リィ」「リュ」「リェ」「リョ」と発音します。rr もスペイン語にありますが、イタリア語と同じように巻き舌で発音します。

S lluvia　「雨」　　**S** perro　「犬」
　ジュビア　　　　　　　ベ**ロ**

フランス語の母音

ai, ei は「エ」、au, eau は「オ」と読みます。すでに学んだ eu「う」や ou「ウ」もそうですが、フランス語には母音をつなげて滑らかに発音する二重母音、三重母音はありませんので、「アイ」「あゆ」などと読まないように気をつけましょう。

F air　「空気」　　**F** peine　「苦労」　　**F** cause　「原因」　　**F** bateau　「船」
　エール　　　　　　　ペンヌ　　　　　　　コーズ　　　　　　　バト

フランス語の語末の子音　♪22

フランス語では語末の子音を発音しないのがふつうです。このように読まない文字があるのは、昔発音されていた音が表記上でだけ残っているためです。ただし、c, f, l, r は読まれることも多いので、単語ごとに覚えるようにしましょう。

F alphabet 「アルファベット」　**F** nez 「鼻」　**F** pas 「歩み」
アるファベ　　　　　　　　　　　　　ネ　　　　　　　　パ

F trop 「〜過ぎる」　**F** avec 「一緒に」　**F** neuf 「9」
トゥロ　　　　　　　　アヴェック　　　　　　　ぬフ

F journal 「新聞」　**F** cher 「高い」
じゅルナる　　　　　　シェール

---

c 　ｉとｅの前ではフランス語は「スィ」「ス」「セ」、イタリア語は「チ」、「チェ」、スペイン語はすでに説明した「すぃ」「せ」です。それ以外はいずれの言語も「カ」「ク」「コ」です。なお、イタリア語では「チャ」「チュ」「チョ」はそれぞれ cia, ciu, cio と書きます。　♪23

F ciel　　**S** cielo　　**I** cielo 「空」
スィエる　　すぃエろ　　チェーろ

F comme　**S** como　　**I** come 「〜のように」
コム　　　　コモ　　　　コーメ

I camicia 「シャツ」
カミーチャ

---

ch 　フランス語では「シャ」「シ」「シュ」「シェ」「ショ」、スペイン語では「チャ」「チ」「チュ」「チェ」「チョ」と読みます。イタリア語ではｉとｅの前で「キ」「ケ」となります。　♪24

F chocolat　　**S** chocolate 「チョコレート」　　**I** chi 「誰」
ショコら　　　　チョコらテ　　　　　　　　　　　　　キ

e スペイン語とイタリア語では「エ」ですが、フランス語では３通りの読み方があります。 ♪25

１）２つ以上の母音字を含む語の語末のｅは発音しません。

F carte 「カード」
キャルトゥ

２）①アクセント記号がつく場合、②次に子音が２つ続く場合、③語末の子音の前、では「エ」です。

F église 「教会」　　**F** espoir 「希望」　　**F** paquet 「小包」
エグリーズ　　　　　　エスプワール　　　　　　パケ

３）それ以外では軽い「ウ」となります。

F dehors 「外で」
ドゥオール

ただし、「子音＋ｌ、子音＋ｒ」の前では「ウ」となったり、複数形のｓがついても発音が変わらないなど、フランス語のｅの読み方のルールは多少複雑です。例外もあるので、最初は単語ごとにｅの読み方を確認して覚えるのがよいでしょう。

g ｉとｅの前以外ではガ行です。ｉとｅの前では、フランス語ではすでに説明した「じ」「じゅ」「じぇ」、スペイン語では「ヒ」「ヘ」、イタリア語では「ジ」「ジェ」です。なお、イタリア語では「ジャ」「ジュ」「ジョ」はそれぞれ gia, giu, gio と書きます。 ♪26

F goût　　**S** gusto　　**I** gusto 「味、趣味」
ゲ　　　　　グスト　　　　グスト

F géant　　**S** gigante　　**I** gigante 「巨人」
じぇあん　　　ヒガンテ　　　　ジガンテ

I giacca 「ジャケット」
ジャッカ

gh イタリア語でｉとｅの前で「ギ」「ゲ」となります。 ♪27

I ghiaccio 「氷」
ギヤッチョ

gu ｉとｅの前で、フランス語で「ギ」「グ」「ゲ」、スペイン語で「ギ」「ゲ」
となります。　♪28

F guerre　**S** guerra　「戦争」
　　ゲール　　　　ゲルラ

　なお、スペイン語には güe, güi というつづりもありますが、これは「グェ」
「グィ」と発音します。

S lingüístico　「言語の」
　リングィスティコ

h　３言語とも発音しません。　♪29

F hôtel　**S** hotel　**I** hotel　「ホテル」
　　オテる　　　　オテる　　　　オテる

ill　フランス語では ill というつづりは「イーユ」と読むことが多いです。母
音に続く il, ill も「イュ」と読みます。　♪30

F fille　「女の子、娘」　**F** travail　「仕事」　**F** oreille　「耳」
　　フィーユ　　　　　　　　　トゥラヴァイユ　　　　　　　オレイユ

j　フランス語では ｇ の「じ」と同じ発音の「じゃ」「じ」「じゅ」「じェ」「じ
ョ」、スペイン語では「ハ」「ヒ」「ふ」「ヘ」「ホ」です。「ふ」は ｆ の発音ではな
く、日本語の「ふ」に近い発音です。イタリア語では外来語のみに使われ、読み
方はいろいろあるのでそのつど覚えてください。　♪31

F jeux　**S** juego　「ゲーム」
　　じゅ　　　　ふエゴ

q　qu というつづりで用いられることが多く、フランス語とスペイン語では
「カ」「キ」「ケ」「コ（フランス語）」となります。フランス語では ｅ が続くと「ク」
と読むこともあります。イタリア語では「クワ」「クイ」「クエ」「クオ」という
発音になります。　♪32

F qui　**S** quién　「誰」　**I** qui　「ここ」
　　キ　　　　キエン　　　　　　　クィ

| r | フランス語では、うがいをするように喉（のど）をふるわせて「ラ」「リ」「ル」「レ」「ロ」と発音します。スペイン語とイタリア語では日本語の「ラ」「リ」「ル」「レ」「ロ」です。語頭にきたり、rrと重ねて書く場合は巻き舌の「ルル」のようになります。　♪33

F rouge　**S** rojo　**I** rosso　「赤い」
ルージュ　　ルロホ　　ルロッソ

| s | 基本的には「サ」「スィ」「ス」「セ」「ソ」となりますが、フランス語では母音の間で濁り「ザ」「ズィ」「ズ」「ゼ」「ゾ」になります。スペイン語ではザ行で発音されることはなく、必ずサ行です。イタリア語ではサ行が基本ですが、ザ行で発音する場合もいろいろあるので、最初は単語ごとに覚えるのがよいでしょう。ただし、サ行とザ行の区別はイタリア語では重要ではないので、それほど気にする必要はありません。なお、フランス語とイタリア語のsを「ザ」と濁って発音する場合、日本語とは違って舌を歯の後ろにつけないのですが、最初は気にしなくてもいいでしょう。　♪34

F maison　**S** casa　**I** casa　「家」
メゾン　　カサ　　カーザ

| sc | イタリア語でiとeの前で「シ」「シェ」となります。それ以外では「スカ」「スク」「スコ」と読みます。　♪35

I uscita　「出口」　**I** scala　「階段」
ウッシータ　　　　スカーら

| y | スペイン語で母音に続くと「ジャ」「ジュ」「ジェ」「ジョ」と読みます。「ヤ」「ユ」「イェ」「ヨ」と発音する人もいます。　♪36

S ya　「もう、すでに」
ジャ

z　　フランス語ではｓの濁った「ザ」「ズィ」「ズ」「ゼ」「ゾ」、スペイン語ではｃの「せ」と同じ発音で、「さ」「すぃ」「す」「せ」「そ」です。イタリア語では「ツァ」「ツィ」「ツ」「ツェ」「ツォ」か「ヅァ」「ヅィ」「ヅ」「ヅェ」「ヅォ」のどちらかですが、それほど大切な区別ではないので、どちらでもかまいません。「ヅァ」などは日本語の「ザ」と同じですが、ｓの濁った「ザ」と区別するためにこの表記を使うことにします。　♪37

F zone
ゾンヌ

S zona
そナ

I zona
ヅォーナ

「地帯、地域」

子音と母音のつながり　♪38

子音で終わる単語に母音で始まる単語が続く場合、つなげて発音することがあります。特に２つの語の間に意味的に強いつながりがある場合にそうなります。フランス語では特に多く、アンシェヌマンといいます。

F bonne idée「よい考え」

　　ボンヌ　イデ　→　ボニデ

また、フランス語の単語の終わりの子音は、例外を除いて発音しません。ただし、次にくる語が母音で始まる場合、この語末の子音を発音することがあります。これをリエゾンといいます。どの場合にリエゾンするかは少々難しいので、例が出てきたら覚えるようにしましょう。

F mauvais élève「できの悪い生徒」

　　モヴェ　エれーヴ　→　モヴェゼれーヴ

「コーヒーを1杯ください。」

♪39

F

Un café, s'il vous plaît.
アン　　　キャフェ　　スィる　　<u>ヴ</u>　　プれ

S

Un café, por favor.
ウン　　カ**フェ**　　　ポル　　ファ**ボル**

I

Un caffè, per favore.
ウン　　カッ**フェ**　　　ペル　　ファ**ヴォーレ**

　３つの言語とも、「コーヒー」にあたる単語に、「お願いします」という意味の
フレーズが続きます。これは英語の please にあたります。レストランなどで使
える便利な表現です。２つ以上のコーヒーを頼む表現は、後の基数詞の章で
学びます（Lesson13）。発音するときは、不定冠詞 un は弱めに、次の名詞に
つなげて発音します。

un ▶ ひとつの　café ▶ コーヒー（男性名詞）
s'il vous plaît ▶ どうぞ、お願いします

名詞にはふつう冠詞（この文では不定冠詞）をつけます。大事な café
のほうをより強く発音します。フランス語は単語をなめらかにつなげて
発音するようにしましょう。

un ▶ ひとつの　café ▶ コーヒー（男性名詞）
por favor ▶ どうぞ、お願いします

太字で示したアクセントのある部分は強く発音しましょう。スペイン語
やイタリア語の強弱アクセントは、日本語の高低アクセントや音の長
短とは違います。音声をよく聞いてください。

un ▶ ひとつの　caffè ▶ コーヒー（男性名詞）
per favore ▶ どうぞ、お願いします

スペイン語とイタリア語はよく似ていますね。ただ、読み方としては、
イタリア語のほうがゆったりした感じになります。アクセントのある部
分は強く、かつ長く発音します。

「un」は英語の「a」にあたる不定冠詞ですが、英語との大きな違いは、名詞
によって不定冠詞の形が変わるところです。この３つの言語には、名詞に男性
と女性の２種類があるからです。人や数えられるモノを表す名詞の場合には、
ふつうは冠詞をつけます。「コーヒー」ははじめて話題に上っているので、不定
冠詞をつけています。ここでは「ひとつ」という数詞の意味もあります。

名詞の性と不定冠詞

名詞の性

　３つの言語とも、「男性名詞」と「女性名詞」という、２種類の文法上の性の区別があります。ラテン語では中性名詞がありましたが、これらの言語では中性名詞は多くは男性名詞に吸収されました。生物学的に性がある人や動物を表す名詞は、文法上の性も基本的にこれに一致します。動物の場合、種全体を表すときは男性名詞のほうを使います。

男性名詞	F	S	I	男性名詞	F	S	I
「父」	père ペール	padre パドゥレ	padre パドゥレ	「兄、弟」	frère フレール	hermano エルマノ	fratello フラテゥロ
「男の子」	garçon ギャルソン	chico チコ	ragazzo ラガッツォ	「(男の)友達」	ami アミ	amigo アミゴ	amico アミーコ
「犬」	chien シャン	perro ペルロ	cane カーネ	「猫」	chat シャ	gato ガト	gatto ガット
女性名詞	F	S	I	女性名詞	F	S	I
「母」	mère メール	madre マドゥレ	madre マドゥレ	「姉、妹」	sœur すール	hermana エルマナ	sorella ソレっら
「女の子」	fille フィーユ	chica チカ	ragazza ラガッツァ	「(女の)友達」	amie アミ	amiga アミガ	amica アミーカ
「雌犬」	chienne シエンヌ	perra ペルラ	cagna カンニャ	「雌猫」	chatte シャットゥ	gata ガタ	gatta ガッタ

★ 男性名詞と女性名詞の見分け方

　性の区別がないモノを表す名詞については、次のようにスペイン語とイタリア語では、語末の母音を見れば性がわかるものが結構あります。しかし、語末を見ても性が見分けられないものもたくさんあり、それは覚えなければなりません。

　フランス語は、一部の語の見分け方がないわけではないのですが、複雑なのでここでは省略します。３つの言語の名詞の性は、同じ語源の名詞ならば原則として同じですので、特にイタリア語を軸にして一緒に覚えると効率がよいでしょう。

◎イタリア語やスペイン語で、o で終わる名詞 ▶男性名詞

	F	S	I		F	S	I
「本」	livre リヴル	libro リブロ	libro リブロ	「ワイン」	vin ヴァン	vino ビノ	vino ヴィーノ
「絵」	tableau タブロ	cuadro クワドゥロ	quadro クワドゥロ	「目」	œil うイユ	ojo オホ	occhio オッキョ

★例外的にoで終わる女性名詞

	F	S	I
「手」	main マン	mano マノ	mano マーノ
「写真」(photographie, fotografía, fotografiaの省略形)	photo フォト	foto フォト	foto フォート

◎イタリア語やスペイン語で、a で終わる名詞 ▶女性名詞

	F	S	I		F	S	I
「家」	maison メゾン	casa カサ	casa カーザ	「水」	eau オ	agua アグワ	acqua アックワ
「テーブル」	table タブる	mesa メサ	tavola ターヴォら	「口」	bouche ブシュ	boca ボカ	bocca ボッカ

★例外的にaで終わる男性名詞

	F	S	I		F	S	I
「テーマ」	thème テム	tema テマ	tema テーマ	「問題」	problème プロブれム	problema プロブれマ	problema プロブれーマ

◎覚えなければいけないもの（語源が同じ場合と、そうでない場合があります）

男性名詞	F	S	I	男性名詞	F	S	I
「木」	arbre アルブル	árbol アるボる	albero アるベロ	「国」	pays ペイ	país パイス	paese パエーゼ
「新聞」	journal じゅるナる	periódico ペリオディコ	giornale ジョルナーれ	「愛」	amour アムール	amor アモル	amore アモーレ

女性名詞	F	S	I	女性名詞	F	S	I
「部屋」	chambre しゃんブル	habitación アビタすぃオン	camera カーメラ	「都市、町」	ville ヴィる	ciudad すぃウダ	città チッタ
「駅」	gare ギャール	estación エスタすぃオン	stazione スタツィオーネ	「友情」	amitié アミティエ	amistad アミスタ	amicizia アミチッツィヤ

★3言語で性が異なる場合

	F	S	I		F	S	I		F	S	I
「車」	voiture ヴワチュール （女性）	coche コチェ （男性）	macchina マッキナ （女性）	「花」	fleur ふるぅール （女性）	flor フろル （女性）	fiore フィオーレ （男性）	「塩」	sel セる （男性）	sal サる （女性）	sale サーれ （男性）

　3言語は同じラテン語に由来する語彙をたくさん共有しています。以下にいくつかの例をあげておきます。比べながら一緒に覚えると記憶にとどめやすいかもしれません。

	F	S	I	ラテン語
「博物館」（男性）	musée ミュゼ	museo ムセオ	museo ムゼーオ	museum ムーセーウム
「時間」（男性）	temps たん	tiempo ティエンポ	tempo テンポ	tempus テンプス
「学校」（女性）	école エコる	escuela エスクエら	scuola スクオーら	schola スコら
「夜」（女性）	nuit ニュイ	noche ノチェ	notte ノッテ	noctem ノクテム

　どの言語もそれぞれ音が微妙に変化しているのがわかると思います。フランス語の名詞の性がわかりにくいのは、ラテン語からの変化の中で最後の母音の区別があいまいになったり、落ちたりしたからです。さらに、語末の子音が発音されなくなり、フランス語には発音上短い語が多くなりました。発音しない子音がつづりの上で書かれるのは、中世の時代の発音を表していた表記がそのまま今でも使われているからなのです。

　ラテン語の形を比較的よく保存しているのはイタリア語です。例えば、「犬」はラテン語では canis、「目」は oculus、「水」は aqua ですが、イタリア語で

はすでに見たようにそれぞれcane、occhio、acquaです。さすが、古代ローマ
<small>カーネ</small> <small>オッキョ</small> <small>アックワ</small>
の中心地で使われている言語ですね。

不定冠詞

　不定冠詞は、数詞の「1」に由来しています。

　不定冠詞の使い方は英語と同じで、聞き手にとってはじめてのものを指す名詞
の前につけます。3つの言語で形が違ってくるので、分けて見ていきます。

★ F フランス語

　フランス語の不定冠詞は簡単です。男性名詞には un（発音は鼻母音です）、女
性名詞には une がつきます。

un jour 「1日」　　**une tante** 「おば」　　**une porte** 「ドア、門」
<small>アン　じゅール</small>　　　　　<small>ゆヌ　たんトゥ</small>　　　　　<small>ゆヌ　ポルトゥ</small>

　ただし、次の単語が母音で始まる場合には、発音に注意が必要です。男性名詞
では、un の鼻母音の n を子音として発音し、次に続く母音につなげます。女性
名詞では une の子音 n を次に続く母音につなげて発音します。

un oncle 「おじ」　　**un étudiant** 「男子学生」　　**un an** 「1年」
<small>アンノンクる</small>　　　　　<small>アンネチゅディやん</small>　　　　　<small>アンなん</small>

une orange 「オレンジ」　　**une étudiante** 「女子学生」
<small>ゆノらんじゅ</small>　　　　　　<small>ゆネチゅディやんトゥ</small>

　いずれもなめらかに発音するための工夫です。フランス語では、とにかく流れ
るように発音することを大切にします。

★ S スペイン語

　スペイン語の不定冠詞も簡単です。男性名詞には un、女性名詞には una がつ
きます。un の子音 n は、次に母音が続く場合つなげて発音します。

un tío 「おじ」　　**un estudiante** 「男子学生」　　**un año** 「1年」
<small>ウン　ティオ</small>　　　　　<small>ウネストゥディアンテ</small>　　　　　<small>ウナニョ</small>

un día 「1日」（a で終わりますが、男性名詞です）　　**una tía** 「おば」
<small>ウン　ディア</small>　　　　　　　　　　　　　　　　　　　　　<small>ウナ　ティア</small>

una estudiante 「女子学生」　　**una puerta** 「ドア、門」　　**una naranja** 「オレンジ」
<small>ウナ　エストゥディアンテ</small>　　　　<small>ウナ　プエルタ</small>　　　　<small>ウナ　ナランハ</small>

★ **1** イタリア語

イタリア語の不定冠詞は少し複雑です。男性名詞と女性名詞で形が変わるだけでなく、次にくる単語の最初の音の種類によっても変わります。

★男性名詞

大多数の名詞の前 → **un** 子音 n は、次に母音が続く場合つなげて発音します。

un giorno「1日」 **un anno**「1年」
　ウン　　ジョルノ　　　　　　ウ**ナ**ンノ

z、s＋子音（その他一部の子音）で始まる語の前 → **uno**

　z や st のような語頭の音は重く発音しにくいので、母音 o を入れて発音しやすくします。

uno zio「おじ」 **uno studente**「男子学生」
　ウノ　ツィーオ　　　　ウノ　　ストゥ**デ**ンテ

★女性名詞

子音の前 → **una**

una zia「おば」 **una studentessa**「女子学生」
　ウナ　ツィーア　　　　ウナ　　ストゥデン**テ**ッサ

una porta「ドア、門」
　ウナ　　**ポ**ルタ

母音の前 → **un'**

　母音が2つ続くと発音しにくいので、冠詞の最後の母音 a を落とします。子音 n は次に続く母音とつなげて発音します。

un'arancia「オレンジ」
　ウナ**ラ**ンチャ

これら一見難しい決まりも、なめらかに、そしてメリハリをつけてわかりやすく発音するためのイタリア語の工夫なのです。

── ことわざ①　　　　　　　　　　　　　　　　　　　　　　　♪40

「孤掌鳴らし難し」
こ しょう な　　　　がた

F Une main lave l'autre.
　ゆヌ　　マン　　　らーヴ　　ろトゥル

S Una mano lava la otra.
　ウナ　　マノ　　らバ　　ら　オトゥラ

I Una mano lava l'altra.
　ウナ　　マーノ　　らーヴァ　　らるトゥラ

　直訳すれば「1つの手が別の手を洗う」となります。main、mano はすでに
勉強しましたね。lave、lava は「洗う」という動詞、l'autre、la otra、l'altra
は「別のもの」という意味で、ここでは同じ人のもう一方の手を指しています。
　「手を洗うときに、両手がお互いをこすってきれいに洗うように、お互いに助
け合ってこそいろいろなことができる」ということわざです。日本語のほうは、
「片方の手だけでは手を打ち鳴らすことができない」ことから、やはり助け合い
の尊さを伝えています。

「箱の中にビスケットが
いくつか入っています。」

♪41

F Il y a des biscuits dans la
イリヤ　デ　　　ビスキュイ　　だん　　ら
boîte.
ブワットゥ

S Hay unas galletas en la
アイ　　ウナス　　　ガジェタス　　エン　ら
caja.
カハ

I Ci sono dei biscotti nella
チ　ソーノ　　デイ　　ビスコッティ　ネぅら
scatola.
スカートら

> 「あります」にあたる表現に、「いくつかのビスケット」、「箱の中に」という意味
> のフレーズが続きます。英語の There are some 〜にあたり、名詞は複数
> 形になっています。名詞の前にある「いくつかの」という語の使い方は、3つ
> の言語で微妙に違います。前の課で学んだ不定冠詞のように、次の名詞につな
> げて発音します。

32

il y a ▶ 〜があります　des ▶ いくつかの
biscuits ▶ ビスケット、クッキー（男性名詞複数形）
dans la boîte ▶ 箱の中に

英語と違い、il y a は名詞が単数形でも複数形でも形は変わりません。des は不定冠詞複数形と呼ばれ、省略することはできません。

hay ▶ 〜があります　unas ▶ いくつかの
galletas ▶ ビスケット、クッキー（女性名詞複数形）
en la caja ▶ 箱の中に

フランス語と同じく、hay は名詞が単数形でも複数形でも使えます。unas は「いくつか」というニュアンスを出したいときだけつけます。

ci sono ▶ 〜があります　dei ▶ いくつかの
biscotti ▶ ビスケット、クッキー（男性名詞複数形）
nella scatola ▶ 箱の中に

ci sono は名詞が複数形のときだけに使う形です。dei は部分冠詞複数形と呼ばれ、省略できます。

英語と同じように、名詞には単数形と複数形の区別があり、形が変わります。はじめて話題に上る複数のものを指す名詞につける「いくつかの」を表す語は、前の課で学んだ不定冠詞と同じように、名詞の性によって形が異なります。「箱の中に」のように場所を表す表現は後の課で学びますので、ここではこのまま覚えてください。

33

名詞の複数形

名詞の複数形の作り方

　英語と同じように 3 言語とも名詞に複数形があり、複数のものを指し示すときには複数形を使わなければなりません。

★ F フランス語

　英語と同じように語末に s をつけます。ただし、語末の子音字なので発音されず、音の上では単数形と同じになります。

fourchette — fourchettes「フォーク（女性）」
フルシェットゥ　　　フルシェットゥ

bouteille — bouteilles「びん（女性）」
ブテイユ　　　　ブテイユ

　不規則な複数形もあります。u で終わる名詞の多くは s のかわりに x をつけます。この x も発音されません。

couteau — couteaux「ナイフ（男性）」
クト　　　　　クト

cheveu — cheveux「髪の毛（男性）」
シュヴゥ　　　シュヴゥ

　s, x, z で終わる名詞は複数形も同じ形になります。

fils — fils「息子（男性）」　**voix — voix**「声（女性）」　**nez — nez**「鼻（男性）」
フィス　フィス　　　　　　　ヴワ　ヴワ　　　　　　　　ネ　　ネ

　al で終わる名詞の多くはこの部分を aux に置き換えます。発音も変わるので注意しましょう。

journal — journaux「新聞（男性）」　**animal — animaux**「動物（男性）」
ジュルナル　ジュルノ　　　　　　　アニマる　アニモ

　ail で終わる一部の名詞は、例外的に複数形が aux となります。発音も変わります。

travail — travaux「仕事（男性）」
トゥラヴァイユ　トゥラヴォ

　つづりでは規則的であっても発音が変わる語もあります。

œuf — œufs「卵（男性）」　**bœuf — bœufs**「（雄）牛」
うフ　　う　　　　　　　　　ぶフ　　ぶ

　まれに、かなり違う形になる語もあります。

œil — yeux 「眼（男性）」
うイユ　　イゥ

　このように不規則な複数形があるのは、主に中世に起きた音の変化によるものです。フランス語はスペイン語やイタリア語よりも音が大きく変化したのです。

★ Ⓢ スペイン語

　英語やフランス語のように s をつけて複数形を作ります。

cuchillo — cuchillos 「ナイフ（男性）」　　**botella— botellas** 「びん（女性）」
クチジョ　　クチジョス　　　　　　　　　　　　ボテジャ　　ボテジャス

　子音で終わる名詞では発音しやすくするために e を入れて、語末が es となります。z で終わる語は z を c に変えて ces となります。

tenedor — tenedores 「フォーク（男性）」　　**voz — voces** 「声（女性）」
テネドル　　テネドレス　　　　　　　　　　　　ボす　　ボせス

★ Ⓘ イタリア語

　イタリア語の複数形は作り方がまったく違います。語末の母音を別の母音に置き換えて作りますが、母音の種類によって違う母音に置き換わるので注意が必要です。

　o, e で終わる語は i に置き換えます。io で終わる語で i にアクセントがないものは、i を重ねずに一つだけにします。

coltello — coltelli 「ナイフ（男性）」　　**zio — zii**「おじさん（男性）」
コるテっろ　　コるテっり　　　　　　　　　　ツィーオ　　ツィーイ

occhio — occhi 「目（男性）」　　　　　　**animale — animali** 「動物（男性）」
オッキョ　　オッキ　　　　　　　　　　　　　アニマーれ　　アニマーリ

voce — voci 「声（女性）」
ヴォーチェ　　ヴォーチ

　co, go で終わるものには注意が必要です。複数形で語尾の発音が「キ」、「ギ」となるものはつづりが chi, ghi、「チ」、「ジ」となるものは ci, gi となります。

bosco — boschi 「森（男性）」　　**fungo — funghi** 「きのこ（男性）」
ボスコ　　ボスキ　　　　　　　　　　フンゴ　　フンギ

amico — amici 「友達（男性）」　　**asparago — asparagi** 「アスパラガス（男性）」
アミーコ　　アミーチ　　　　　　　　アスパーラゴ　　アスパーラジ

　a で終わる語は e に置き換えます。ca, ga で終わるものはつづりが che, ghe となります。

forchetta — forchette 「フォーク(女性)」　　**bottiglia — bottiglie** 「びん(女性)」
フォル**ケッ**タ　　　　フォル**ケッ**テ　　　　　　　　　ボッ**ティ**ぃりゃ　　　ボッ**ティ**ぃりぇ

pesca — pesche 「桃(女性)」　　**riga — righe** 「線(女性)」
ペスカ　　　**ペ**スケ　　　　　　　　ル**リー**ガ　　ル**リー**ゲ

　語末の母音にアクセントがある語、母音が一つだけの語、子音で終わる語（外来語です）など、単数形と複数形が同じ形のものもあります。

città 「町、都市(女性)」　　**re** 「王(男性)」　　**sport** 「スポーツ(男性)」
チッ**タ**　　　　　　　　　　　ル レ　　　　　　　　ス**ポ**ルトゥ

film 「映画(男性)」
フィるム

　フランス語やスペイン語と違って、イタリア語は単語が子音で終わるのを嫌うため、複数形を母音で表すしかありません。そのため複数形が複雑になっているので、単語を覚えるときに複数形がどういう形になるか確認するのがいいでしょう。

「いくつかの」を表す表現

　複数形の名詞につけて「いくつかの」という意味を表す語についても学びましょう。

　まずフランス語では、原則として名詞に冠詞やそれに類する語をつけなければいけません。複数形には不定冠詞複数形 des をつけます。母音で始まる語が続くときは、リエゾンして s を「ズ」と発音します。日本語に訳すと「いくつかの」となりますが、訳さなくても OK です。男性と女性、どちらの性の名詞にも des という同じ形を使います。

F des hommes 「何人かの男性」　　**F** des lettres 「何通かの手紙(女性)」
　　デゾム　　　　　　　　　　　　　　　　　デ　　レットゥル

　スペイン語では、複数形の名詞には何もつけなくてもいいのですが、「いくつかの」という意味を特に表したい場合につける語があります。男性名詞にはunos、女性名詞には unas をつけます。母音で始まる語が続くときには、語末の s を母音につなげて発音します。

S unos hombres 「何人かの男性」　　**S** unas cartas 「何通かの手紙」
　ウノ**ソ**ンブレス　　　　　　　　　　　　ウナス　**カ**ルタス

　イタリア語でも同じで、「いくつかの」という意味を特に表したい場合につけ

る部分冠詞複数形という語があります。名詞の性のほかに、次にくる語がどの音で始まるかによって形が変わってきます。

◆ 大多数の子音で始まる男性名詞の前 → dei

Ⅰ dei bicchieri「いくつかのコップ（単数形 bicchiere）」
デイ　　ビッキエーリ　　　　　　　　　　　　　　　　　　　　　ビッキエーレ

◆ 母音、z、s＋子音（その他一部の子音）で始まる男性名詞の前 → degli

Ⅰ degli uomini「何人かの男性（単数形 uomo）」
デぃリ　　ウオーミニ　　　　　　　　　　　　　　　　ウオーモ

Ⅰ degli specchi「いくつかの鏡（単数形 specchio）」
デぃリ　　スペッキ　　　　　　　　　　　　　　　　　　スペッキョ

◆ 女性名詞の前 → delle

Ⅰ delle lettere「何通かの手紙（単数形 lettera）」
デぅレ　　れッテレ　　　　　　　　　　　　　　　　　　れッテラ

　特に男性名詞のときに注意が必要ですね。これもイタリア語話者にとって発音がなめらかになるようにする工夫ですから、口調で慣れるようにしましょう。

「〜がある」を表す表現

　英語の there is / there are にあたる表現は、フランス語では il y a、スペイン語では hay、イタリア語では c'è / ci sono となります。フランス語とスペイン語では次に続く名詞が単数形でも複数形でも同じ形を使います。

F Il y a un verre.「コップが１つあります。」
　イリヤ　アン　ヴェール

F Il y a des miroirs.「鏡が（いくつか）あります。」
　イリヤ　　デ　　ミルワール

S Hay un vaso.「コップが１つあります。」
　アイ　　ウン　バソ

S Hay espejos.「鏡が（いくつか）あります。」
　アイ　　エスペホス

　イタリア語では、英語と同じように単数形か複数形かによって c'è / ci sono と形が変わります。

Ⅰ C'è un bicchiere.「コップが１つあります。」
　チェ　ウン　ビッキエーレ

Ⅰ Ci sono degli specchi.「鏡がいくつかあります。」
　チ　ソーノ　デぃリ　スペッキ

ネコたちのおしゃべり①
(L麻呂はラテン語、S樹はスペイン語、F奈はフランス語、I美はイタリア語)

L麻呂：英語もそうだが冠詞とはややこしいのぉ。おじいちゃんにはなかったの
　　　に、孫のお前たちはなんでそんなものを持つようになったんだい？

S樹　：冠詞があれば、知ってるものについて話しているのか、知らないものに
　　　ついてなのかが聞いてる人にすぐわかって便利だよ。でもF奈は複数形
　　　にも不定冠詞をつけなきゃいけないのが面倒だな。僕は単数の名詞につ
　　　ければいいだけだから簡単だよ。

F奈　：S樹は単語が長ったらしいから、複数かどうかが名詞の音を聞くだけで
　　　わかるからいいけど、私の場合は単語が短くまとまっていて、発音しな
　　　い語尾の音もあるからその代わりに冠詞が必要になるのよ。

S樹　：へえー、発音と冠詞ってとっても深いつながりがあるんだな。

I美　：単語が長くて音を聞くだけで複数かどうかがわかるのは私も同じだけ
　　　ど、複数形につく部分冠詞複数形っていうのがあるのよ。ただ、F奈み
　　　たいに必ずつけるというわけじゃなくて、「いくつかの」っていうニュ
　　　アンスを出したいときに使うわ。

S樹　：それだったら僕にも同じような語があるけど、そんなに使わないから冠
　　　詞とは言えないな。そういう点では僕は英語に似てるかも。

L麻呂：3人ともおじいちゃんの持ちものを使って、違う育ち方をしたんじゃ
　　　な。

フランス語 流れるように…　なめらかに…

スペイン語 かぶり忘れたりしないで！

イタリア語 紳士淑女にふさわしく

「パスポートは
ここにあります。」

♪42

フランス語

F

Voilà le passeport.
ヴワら　　る　　　　パスポール

スペイン語

S

Aquí está el pasaporte.
アキ　　　エスタ　　エる　　　　パサポルテ

イタリア語

I

Ecco il passaporto.
エッコ　　イる　　　パッサポルト

英語の Here is 〜にあたる「ここにあります」を表す表現に、「パスポート」という意味の語が続きます。名詞の前には定冠詞がついていて、すでに話題にのぼっていたり、話し手と聞き手の間で了解済みのものであることを表しています。定冠詞も不定冠詞と同じように次の名詞につなげて発音します。

voilà ▶ ここに～があります／ほら、～だよ
le ▶ その（定冠詞）
passeport ▶ パスポート（男性名詞）

英語と違い、voilà は名詞が単数形でも複数形でも使えます。

aquí ▶ ここに　está ▶ あります　el ▶ その（定冠詞）
pasaporte ▶ パスポート（男性名詞）

スペイン語では「ここに～があります／ほら、～だよ」は動詞を使って表します。後の課で学びますが、está は名詞が単数形のときに使い、複数形の時は están を使います。

ecco ▶ ここに～があります／ほら、～だよ
il ▶ その（定冠詞）　passaporto ▶ パスポート（男性名詞）

ecco は名詞が単数形でも複数形でも使えます。

英語と同じように、不定冠詞のほかに定冠詞もあります。聞き手が何を指しているか知っている、人や事物を表す名詞につけます。「ここに～があります」という表現に続くのは、不定冠詞がついた名詞と定冠詞がついた名詞のどちらの場合もあります。

定 冠 詞

定冠詞は名詞の性・数に合わせて形が変化

　定冠詞は、ラテン語の指示詞（「これ」、「それ」など）に由来しています。定冠詞の使い方は原則として英語と同じで、すでに出てきたものや聞き手がすでに知っているものを指す名詞の前につけます。英語と違う点は、名詞の性・数に合わせて形が変わることです。不定冠詞と同じように3つの言語で変化のパターンが違ってくるので、分けて見ていきます。

★ F フランス語

　フランス語の定冠詞は、次にくる語の最初の音によって形が変わるので注意が必要です。まず単数形から見ていきましょう。

　男性名詞の場合、子音で始まる語の前では le ですが、母音や多くの h（無音の h と呼ばれます）で始まる語の前では l' という短い形になります。これは、母音がつながるのを避けるためで、このような現象をエリジョンと呼びます。h で始まる語でも他の子音と同じように le となるものもあります（有音の h と呼ばれます）。

---

le sac 「かばん」　**le style** 「スタイル、様式」　**l'art** 「芸術、技術」
　る サック　　　　　　る スティル　　　　　　　　らール

l'accident 「事故、アクシデント」
　らクスィだん

l'honneur 「名誉、敬意」（無音の h の例）
　ろぬール

le héros 「ヒーロー」（有音の h の例）
　る　エロ

　女性名詞の場合も子音で始まる語の前では la ですが、母音や無音の h で始まる語の前では l' となります。有音の h の前では la となります。

---

la fille 「娘、女の子」　**la chaise** 「いす」　**l'agence** 「代理店」
　ら フィーユ　　　　　　ら シェーズ　　　　　　らじゃんス

l'œuvre 「作品、作業」　**l'heroïne** 「ヒロイン」（無音の h の例）
　るぅーヴル　　　　　　　れロインヌ

la haie 「垣根、人垣」（有音の h の例）
　ら　エ

複数形では、男性・女性で形の区別はなく、les となります。ただし、次の単語が母音や無音の h で始まる場合には発音に注意が必要で、リエゾンによって les の s を「ズ」と発音し、次に続く母音につなげます。やはりなめらかに発音するための工夫ですね。有音の h の前ではリエゾンがありません。

les sacs 「かばん」　**les styles** 「スタイル、様式」
れ　サック　　　　　　れ　スティラ

les arts 「芸術、技術」　**les accidents** 「事故、アクシデント」
れザール　　　　　　　　　れザクスィだん

les honneurs 「名誉、敬意」　**les héros** 「ヒーロー」
れゾぬール　　　　　　　　　　れ　エロ

les filles 「娘、女の子」　**les chaises** 「いす」
れ　フィーュ　　　　　　　　れ　シェーズ

les agences 「代理店」　**les œuvres** 「作品、作業」
れザじゃんス　　　　　　　れずーヴル

les heroïnes 「ヒロイン」　**les haies** 「垣根、人垣」
れゼロインヌ　　　　　　　　れ　エ

★ Ⓢ スペイン語

スペイン語の定冠詞は簡単です。単数形は男性名詞が el、女性名詞が la で、複数形は男性名詞が los、女性名詞が las です。el の語末子音 l と複数形の語末子音 s は、次に母音が続く場合つなげて発音します。

el deporte los deportes 「スポーツ」
エる　デポルテ　ろス　デポルテス

el estilo los estilos 「スタイル、様式」
エれスティろ　ろセスティろス

el trabajo los trabajos 「仕事」
エる　トゥラバホ　ろス　トゥラバホス

el accidente los accidentes 「事故、アクシデント」
エラクすィデンテ　ろサクすィデンテス

la hija las hijas 「娘、女の子」　**la silla las sillas** 「いす」
ら　イハ　らスイハス　　　　　　ら　スイジャ　らス　スイジャス

la agencia las agencias 「代理店」　**la obra las obras** 「作品、作業」
ら　アヘンすィア　らサヘンすィアス　　　ら　オブラ　らソブラス

★１ イタリア語

イタリア語の定冠詞は複雑です。不定冠詞の場合と同じように、次にくる単語の最初の音の種類によっても変わります。

★男性名詞

[単数形]

大多数の子音で始まる名詞の前　→　il

il figlio 「息子」　il lavoro 「仕事」
いる フィぃりょ　　　いうらヴォーロ

z、s＋子音（その他一部の子音）で始まる語の前　→　lo

これらの語頭の音に il をつなげると発音しにくいので、母音 o で終わる別の形にして発音しやすくします。

lo zaino 「かばん」　lo stile「スタイル、様式」
ろ　ヅァイノ　　　　　　ろ スティーれ

母音で始まる名詞の前　→　l'

子音だけの形にして、母音とつなげて発音がなめらかになるようにします。

l'armadio 「洋服だんす」　l'incidente 「事故、アクシデント」
らルマーディオ　　　　　　　リンチデンテ

[複数形]

大多数の子音で始まる名詞の前　→　i

i figli 「息子」　i lavori 「仕事」
イ フィぃり　　　イ らヴォーリ

母音、z、s＋子音（その他一部の子音）で始まる名詞の前　→　gli

gli armadi 「洋服だんす」　gli incidenti 「事故、アクシデント」
リアルマーディ　　　　　　　　リインチデンティ

gli zaini 「かばん」　gli stili「スタイル、様式」
りぃ　ヅァイニ　　　　りぃ スティーリ

男性名詞につく定冠詞はいろいろな形があってやっかいですが、イタリア語らしい特徴がよく表れています。口調で慣れるようにしましょう。

44

★女性名詞

[単数形]

子音の前　→　la

la figlia「娘」　**la sedia**「いす」
ら　フィぃりゃ　　　　　ら　セーディヤ

母音の前　→　l'

男性名詞での定冠詞と同じ形になります。

l'agenzia「代理店」　**l'opera**「作品、作業」
らジェンツィーア　　　　　　ろーペラ

[複数形]

すべての女性名詞で同じ形 le を使います。女性名詞は比較的楽ですね。

le figlie「娘」　**le sedie**「いす」　**le agenzie**「代理店」
れ　フィぃりぇ　　　　れ　セーディエ　　　　れ　アジェンツィーエ

le opere「作品、作業」
れ　オーペレ

— ことわざ②

「言葉は銀、沈黙は金」

F La parole est d'argent, le silence est
ら　　パロる　　エ　　ダルじゃん　　る　　スィらんス　　エ

d'or.
ドール

S La palabra es de plata, pero el silencio
ら　　パ**ら**ブラ　エス　デ　プ**ら**タ　　ペロ　エる　スィ**れ**んすぃオ

es de oro.
エス　デ　**オ**ロ

I La parola è d'argento, il silenzio è d'oro.
ら　　パ**ロ**ーら　エ　　ダル**ジェ**ント　イる　スィ**れ**んツィオ　エ　**ド**ーロ

　直訳すれば「言葉は銀でできているのに対して、沈黙は金でできている」です。
parole, palabra, parola が「言葉、単語」、silence, silencio, silenzio が「沈
黙」で、それぞれ定冠詞がついていて、ここでは「言葉というものは」、「沈黙と
いうものは」という意味で使われています。est, es, è は後で習う be 動詞です。
argent, plata, argento が「銀」、or, oro が「金」で、材料を表す前置詞 de, d'
と一緒に使われて、「～でできている」という意味です。

　黙っていることの重みを伝えていますね。

46

「それはとてもおもしろい映画です。」

♪44

フランス語

F

C'est un film
セタン　　　　フィるム
très intéressant.
トゥレザンテレさん

スペイン語

S

Es una película muy
エス　ウナ　　ぺりクら　　　ムイ
interesante.
インテレ**サン**テ

イタリア語

I

È un film molto
エ　ウン　**フィ**るム　　**モ**るト
interessante.
インテレッ**サン**テ

英語の It is ～にあたる「それは～です」を表す表現に、「とてもおもしろい映画」という意味の語句が続きます。名詞の後に形容詞が続きます。形容詞には英語の very にあたる「とても」という意味の、程度を表す副詞がついています。スペイン語とイタリア語では「それ」にあたる語はふつう省略します。

48

c'est ▶ それは〜です　film ▶ 映画（男性名詞）
très ▶ とても　intéressant ▶ おもしろい

c'est は「それ」を意味する指示代名詞 ce と、be 動詞の 3 人称単数形 est がくっついた形です。be 動詞は次の課で学びます。film は英語からの借用語です。

película ▶ 映画　muy ▶ とても
interesante ▶ おもしろい

「それ」を表す語は文脈で明らかな場合は省略されるため、be 動詞の es から文が始まっています。「映画」にあたる語は、スペイン語では独自の語が使われます。

film ▶ 映画　molto ▶ とても　interessante ▶ おもしろい

スペイン語と同じように、「それ」を表す語は文脈で明らかな場合は省略され、be 動詞の è から文が始まっています。フランス語と同じように、film は英語からの借用語です。

英語と違い、名詞を修飾する形容詞は名詞の後に置かれるのがふつうです。形容詞は修飾する名詞の性数によって形が変化しますが、男女で形が同じものも少なくありません。例文に出てくる「おもしろい」にあたる形容詞は、フランス語のみ男女で形が違います。形容詞を修飾する副詞が形容詞の前に置かれる点は、英語と同じです。

形 容 詞

形容詞は修飾する名詞の後に置く

　名詞を形容詞で修飾する場合、3言語とも形容詞を名詞の後に置くのがふつうです。形容詞は、修飾する名詞の性と数に合わせて形が変わります。辞書の見出しに出ている男性単数形が基本形で、女性形や複数形は語尾を変えて作ります。

★ **F** フランス語

　子音で終わる形容詞と母音 e で終わる形容詞に分かれます。前者の女性形は e を語末につけます。後者は男女で形が変わりません。

un manteau noir　「黒いコート」　　**une chemise noire**　「黒いシャツ」
アン　　まんト　　ヌワール　　　　　　　　　ゆヌ　　シュミーズ　　ヌワール

un rôle facile　「易しい役割」　　**une question facile**　「易しい質問」
アン　ロール　ファスィる　　　　　　　　ゆヌ　　ケスティヨン　　ファスィる

　ただし、フランス語の形容詞の女性形には例外が多いので、出てきたときに覚えるようにしましょう。以下にいくつか例をあげておきます。左が男性形で、右が女性形です。

étranger / étrangère　「外国の」(er → ère)
エトゥらんじェ　　エトゥらんじェール

vif / vive　「生き生きした」(f → ve)
ヴィフ　　ヴィーヴ

quotidien / quotidienne　「日々の」(en → enne)
コティディヤン　　　コティディエンヌ

réel / réelle　「実際の」(el → elle)
レエる　　レエる

curieux / curieuse　「珍しい」(x → se)
きゅりう　　　きゅりうーズ

blanc / blanche　「白い」(c → che)
ぶらん　　ぶらんシュ

　複数形は、男性形・女性形それぞれに名詞と同じように語末に s をつけます。

des manteaux noirs　「黒いコート」　　**des chemises noires**　「黒いシャツ」
デ　　まんト　　ヌワール　　　　　　　　デ　　シュミーズ　　ヌワール

des rôles faciles　「易しい役割」　　**des questions faciles**　「易しい質問」
デ　ロール　ファスィる　　　　　　　　デ　　ケスティヨン　　ファスィる

　s, x で終わる形容詞は男性単数形と男性複数形の形が同じです（gris「灰色

の」、heureux「幸せな」など）。

un chapeau gris / des chapeaux gris 「灰色の帽子」
アン　　シャポ　　グリ　　デ　　シャポ　　グリ

　女性複数形はすべて規則的に女性単数形から作ります。

　フランス語の形容詞の形はかなり複雑で大変ですが、少しずつ使いながら覚えていくのがいいでしょう。

★ S スペイン語

　スペイン語の形容詞はわりあい簡単です。母音 o で終わる形容詞とそれ以外の形容詞に分かれます。o で終わる形容詞は語尾を a に変えて女性形を作ります。それ以外の形容詞は原則として男女同形です。

un abrigo negro 「黒いコート」　**una camisa negra** 「黒いシャツ」
ウナブリゴ　　　ネグロ　　　　　　ウナ　　カミサ　　　ネグラ

un papel fácil 「易しい役割」　**una pregunta fácil** 「易しい質問」
ウン　パペる　ファすぃる　　　　　ウナ　　プレグンタ　ファすぃる

　複数形は、男性形・女性形それぞれに名詞と同じように語末に s をつけます。子音で終わる形容詞では e を入れて、語末が es となります。

abrigos negros 「黒いコート」　**camisas negras** 「黒いシャツ」
アブリゴス　　ネグロス　　　　　　カミサス　　　ネグラス

papeles fáciles 「易しい役割」　**preguntas fáciles** 「易しい質問」
パペれス　ファすぃれス　　　　　　プレグンタス　ファすぃれス

★ I イタリア語

　イタリア語の形容詞は、名詞の形を思い出しながら覚えればそれほど難しくはありません。母音 o で終わる形容詞と母音 e で終わる形容詞に分かれます。o で終わる形容詞は語尾を a に変えて女性形を作ります。e で終わる形容詞は男女同形です。

un cappotto nero 「黒いコート」　**una camicia nera** 「黒いシャツ」
ウン　　カッポット　ネーロ　　　　　ウナ　　カミーチャ　ネーラ

un ruolo facile 「易しい役割」　**una domanda facile** 「易しい質問」
ウン　ルルオーろ　ファーチれ　　　　ウナ　　ドマンダ　ファーチれ

　複数形は名詞と同じように作ります。男性形の語尾 o は i に、女性形の語尾 a は e に、語尾 e は i にそれぞれ変えます。

cappotti neri 「黒いコート」　　**camicie nere** 「黒いシャツ」
　カッポッティ　ネーリ　　　　　　　カミーチェ　ネーレ

ruoli facili 「易しい役割」　　**domande facili** 「易しい質問」
　ルォーリ　ファーチリ　　　　　　　ドマンデ　ファーチリ

　男性形が co, go で終わる形容詞は、複数形でそれぞれ chi, che や ghi, ghe のようにつづりが変わるので注意しましょう。

pantaloni bianchi 「白いズボン」（「ズボン」は常に複数扱い）
　パンタ**ろ**ーニ　ビ**ヤ**ンキ

corde lunghe 「長いロープ（女性名詞 corda の複数形）」
　コルデ　　**る**ンゲ

※名詞の前に置かれる形容詞

　形容詞は名詞の後に置かれるのがふつうだと説明しましたが、前に置かれる場合もあります。前に置かれる代表的な形容詞「よい」を意味する bon/bueno/buono を見ておきましょう。

★ F フランス語 bon

　女性形は n を重ねて bonne となります。名詞の前に形容詞が置かれる場合、不定冠詞複数形の des は de という形に変わります。

un bon médecin / de bons médecins 「よい医者」
　アン　ボン　メドゥサン　　ドゥ　ボン　メドゥサン

un bon état / de bons états 「よい国家、状態」
　アン　ボネタ　　　ドゥ　ボンゼタ

une bonne parole / de bonnes paroles 「親切な言葉」
　ゆヌ　ボンヌ　バロる　　ドゥ　ボンヌ　バロる

une bonne action / de bonnes actions 「立派な行動」
　ゆヌ　ボナクスィヨン　　ドゥ　ボンヌザクスィヨン

★ S スペイン語 bueno

　男性名詞単数形の前では buen という短い形になります。

un buen médico / buenos médicos 「よい医者」
　ウン　ブエン　メディコ　　ブエノス　メディコス

un buen estado / buenos estados 「よい国家、状態」
　ウン　ブエネスタド　　　ブエノセスタドス

una buena palabra / buenas palabras 「親切な言葉」
　ウナ　ブエナ　バらブら　　ブエナス　バらブラス

una buena acción / buenas acciones 「立派な行動」
ウナ　　ブエナ　　アクすぃオン　　　ブエナサクすぃオネス

★Ⅰ イタリア語 buono

　単数形の語尾が不定冠詞と同じように形が変わります。buono の場合、男性名詞は un、女性名詞は una となります。

un buon medico / buoni medici 「よい医者」
ウン　　ブオン　　メーディコ　　　ブオーニ　　メーディチ

un buono stato / buoni stati 「よい国家、状態」
ウン　　ブオーノ　　スタート　　ブオーニ　スターティ

una buona parola / buone parole 「親切な言葉」
ウナ　　ブオーナ　　パローラ　　　ブオーネ　バローれ

una buon'azione / buone azioni 「立派な行動」
ウナ　　ブオーナツィヨーネ　　　ブオーネ　アツィヨーニ

※名詞の前と後で意味が変わる場合

　名詞の前後で形容詞の意味が違う場合があるので、見ておきましょう。名詞の前に置かれると主観的な見方が入る意味、後に置かれると客観性の高い意味になる傾向があります。以下の例はフランス語・スペイン語・イタリア語の順にあげてあります。

F grand / S grande / I grande 「大きい」

　スペイン語では単数名詞の前で gran という短い形になります。フランス語の語末の d はリエゾンのときに「トゥ」と発音します。

F un grand homme / S un gran hombre / I un grande uomo 「偉人」
アン　　グラんトム　　　ウン　　グランノンブレ　　ウン　　グランデ　ウオーモ

F un homme grand / S un hombre grande / I un uomo grande
アンノム　　グラん　　ウノンブレ　　グランデ　　ウヌオーモ　グランデ

「（体の）大きな人」

53

ネコたちのおしゃべり②

L麻呂： わしには名詞に格変化っていうのがあって、形容詞も名詞に合わせて格変化するんじゃ。そうすると名詞が主語なのか目的語なのかがすぐわかるし、形容詞がどの名詞にかかるかもひと目でわかる。お前たちはこんなに便利な格変化を捨ててしまってもったいないことをしたのぉ。

S樹： 格変化なんてめんどくさくってやってらんないよ。おじいちゃんの時代はのんびりしてたからいちいち名詞なんかの形を変えてられる暇があったけど、今の時代はスピード感が大事だからそんなことはできないのさ。

I美： でも代名詞だけは格変化を残してるわね。あれがないとほんとに文の意味がわかりにくくなっちゃうから。

F奈： それと、3人とも名詞の性と数に合わせて形容詞の形を変えるところはちゃんと守ってるわよ。その点は名詞と形容詞の関係がすぐにわかって、英語なんかよりずっといいと思うんだけど。

S樹： ただ、F奈は単語の発音を短くしてるから、形容詞を聞いただけでは単数か複数かわかんないことが多いよね。男性か女性かはけっこうわかるんだけど。

F奈： だから名詞とそれを修飾する形容詞をできるだけそばに置いてるのよ。おじいちゃんみたいに離して置いたりしないわ。語順も使って補ってるの。

I美： その点は私たち3人とも同じだわ。私とS樹は形容詞だけでもちゃんと数の区別ができるけど。

S樹： 子音のsをつけるだけの僕のほうが、I美より簡単だよ。I美の複数形は語末の母音を変えて区別をするところが難しいね。

I 美 : 私は名詞の最後を子音で終わらせたくないのよ。母音で単語をしめたほ

うが、音がきれいに響くじゃない。

L 麻呂 : 同じ孫でもそれぞれ感性が違っておもしろいもんじゃのぉ。

ラテン語　少し離れていても、飼い主の服をまねているから、
どの名詞を形容しているか、どんな働きをするかわかる

フランス語　スペイン語　イタリア語

男女（と単複）の区別しかないので、
近くにいないと誰の飼い猫かわからない

形容詞の位置によって
意味が異なることがある

「私は日本人です。」

♪45

フランス語

F

Je suis japonais. /
じゅ　　スゅイ　　　　じゃポネ

Je suis japonaise.
じゅ　　スゅイ　　　　じゃポネーズ

スペイン語

S

Yo soy japonés. /
ジョ　　ソイ　　　　ハポ**ネ**ス

Yo soy japonesa.
ジョ　　ソイ　　　　ハポ**ネ**サ

イタリア語

I

Io sono giapponese.
イーオ　　**ソ**ーノ　　　　ジャッポ**ネ**ーセ

英語の I am 〜にあたる「私は〜です」を表す表現に、「日本人」という意味の語が続きます。フランス語とスペイン語では、主語が男性であるか女性であるかによって表現が変わり、前の文が男性、後の文が女性の場合にそれぞれ使われます。英語と違って、「〜人」という表現には不定冠詞はつきません。英語と異なり、語頭は小文字で書きます。

je ▶ 私は　suis ▶ 〜です（be動詞）
japonais/japonaise ▶ 日本（人）の

英文法の言い方を借用すると、be動詞を使った第2文型の文です。
フランス語では「日本人」を表す語は男性と女性で形が変わります。

yo ▶ 私は　soy ▶ 〜です（be動詞）
japonés/japonesa ▶ 日本（人）の

男性と女性で形が変わるのはフランス語と同じです。特に「私」を強調しない場合、主語のyoは省略されます。japonésの女性形はjaponesaです。

io ▶ 私は　sono ▶ 〜です（be動詞）
giapponese ▶ 日本（人）の

スペイン語と同じように、主語のioは必要ない場合に省略できます。
この文は男女どちらでも使えます。

英語と同じように、be動詞は主語に合わせて形が変わります。スペイン語とイタリア語では主語が省略されることが多いのですが、フランス語では絶対に省略できないので注意しましょう。

主語人称代名詞とbe動詞

主語人称代名詞

　英語のIやyouにあたる主語人称代名詞を学びましょう。3つの言語を並べて示します。

	フランス語	スペイン語	イタリア語
私	je ジュ	yo ジョ	io イーオ
君	tu チュ	tú トゥ	tu トゥ
あなた	vous ヴ	usted ウステ	Lei れーイ
彼	il イル	él エる	lui るーイ
彼女	elle エる	ella エジャ	lei れーイ
私たち	nous ヌ	nosotros / nosotras ノソトゥロス　　　ノソトゥラス	noi ノーイ
君たち	vous ヴ	vosotros / vosotras ボソトゥロス　　　ボソトゥラス	voi ヴォーイ
あなた方		ustedes ウステデス	
彼ら	ils イる	ellos エジョス	loro ろーロ
彼女たち	elles エる	ellas エジャス	

　聞き手（2人称単数）を表す代名詞には注意が必要です。親しい間柄の場合は tu, tú, tu（親称）を、親しくない間柄の場合は vous, usted, Lei（敬称）を使います。この区別は英語にはないので特に注意しましょう。Lei（敬称）は文中でも常にLを大文字で書きます。2人称複数ではスペイン語のみ親称と敬称を区別しますが、ラテンアメリカでは vosotros / vosotras は使われません。

nosotros / nosotras と vosotros / vosotras はそれぞれ男性・女性に対応しています。

be 動詞

いよいよ動詞の勉強が始まります。まずは英語の be 動詞にあたる動詞から学びましょう。英語の原形にあたる形は 3 言語の文法では不定詞と呼びます。動詞は人称・数によって 6 つの形に変化し、これを活用と呼びます。この本の勉強のメインになるのは、基本中の基本といえる現在形の活用です。動詞はとても大切なので、1 つずつしっかり覚えていきましょう。

フランス語		スペイン語			イタリア語	
不定詞	**être** エトゥル	**不定詞**		**ser** セル	**不定詞**	**essere** エッセレ
je suis ジュ スュイ		yo		soy ソイ	io	sono ソーノ
tu es チュ エ		tú		eres エレス	tu	sei セーイ
il est, elle est イれ エれ		él, ella, usted		es エス	lui, lei, Lei	è エ
nous sommes ヌ ソム		nosotros		somos ソモス	noi	siamo スィヤーモ
vous êtes ヴゼットゥ		vosotros		sois ソイス	voi	siete スィエーテ
ils sont, elles sont イる ソン える ソン		ellos, ellas, ustedes		son ソン	loro	sono ソーノ

　フランス語は必ず主語が必要なので、主語人称代名詞と動詞をつなげて示しています。スペイン語とイタリア語では主語がよく省略されますが、活用を覚えるときは yo soy, tú eres... や io sono, tu sei... のように主語人称代名詞をつけて練習するのがよいでしょう。特に重要なのは、2 人称単数の敬称 usted と Lei は動詞が 2 人称ではなく 3 人称単数の形になるという点です。フランス語の

vous êtes は2人称単数敬称でも使われます。イタリア語の3人称複数 loro は英語の they と同じように男女どちらにも使います。

　　形容詞を使った例文でこれらの動詞に慣れましょう。日本語の例の中で [　] で示されているのは男性単数形で、フランス語、スペイン語、イタリア語の順に並んでいます。各言語の例文の中の（　）は女性形で、主語が女性の場合にこの形になります。

「君はフランス人 [**F** français / **S** francés / **I** francese] です。」

F Tu es français(française). / **S** Eres francés(francesa).
チュ　エ　　フランセ　　　フランセーズ　　　　　エレス　　フランセス　　フランセサ

I Sei francese.
セーイ　　フランチェーゼ

※スペイン語の francés と español は子音で終わりますが、形容詞の女性形規則の例外で、女性形が francesa, española となります。

「あなたはイタリア人 [**F** italien / **S** italiano / **I** italiano] です。」

F Vous êtes italien(italienne). / **S** Usted es italiano(italiana).
ヴゼットゥ　　イタリヤン　　イタリエンヌ　　　　ウステ　エス　イタリアノ　　　イタリアナ

I Lei è italiano(italiana).
れーイ　エ　イタリヤーノ　　イタリヤーナ

「彼はスペイン人 [**F** espagnol / **S** español / **I** spagnolo] です。」

F Il est espagnol. / **S** Él es español. / **I** Lui è spagnolo.
イれ　　エスパニョる　　　エれス　エスパニョる　　るーイ　エ　　スパニョーろ

「彼女はスペイン人です。」

F Elle est espagnole. / **S** Ella es española. / **I** Lei è spagnola.
エれ　　エスパニョる　　　エジャ エス　エスパニョら　　れーイ エ　スパニョーら

「私たちは幸せ [**F** heureux / **S** feliz / **I** felice] です。」

F Nous sommes heureux(heureuses). / **S** Somos felices.
ヌ　　　ソム　　　うるぅ　　　うるぅーズ　　　　ソモス　　フェリセス

I Siamo felici.
スィヤーモ　フェリーチ

※スペイン語の feliz は複数形で語尾の es がつくと、つづりの z が c に変わります。

「君たちは親切 [**F** gentil / **S** amable / **I** gentile] です。」

F Vous êtes gentils(gentilles). / **S** Sois amables.
ヴゼットゥ　　じゃんティ　じゃんティーュ　　　ソイス　　アマブれス

I Siete gentili.
スィ**エ**ーテ ジェン**ティ**ーリ

「彼らは賢い [**F** intelligent / **S** inteligente / **I** intelligente] です。」

F Ils sont intelligents. / **S** Ellos son inteligentes.
イる ソン アンテリじゃん **エ**ジョス ソン インテリ**ヘ**ンテス

I Loro sono intelligenti.
ろーろ **ソ**ーノ インテゥり**ジェ**ンティ

「彼女たちはきちんと時間を守ります [**F** ponctuel / **S** puntual / **I** puntuale]。」

F Elles sont ponctuelles. / **S** Ellas son puntuales.
エる ソン ポンクチュ**エ**る **エ**ジャス ソン ブントゥ**ア**れス

I Loro sono puntuali.
ろーろ **ソ**ーノ ブントゥ**アー**リ

　どの言語も語順は英語と同じですね。動詞だけでなく、形容詞の形も主語に合わせて変えなければいけないので最初は面倒ですが、慣れればそれほどでもありません。フランス語は男性形と女性形でつづりが違っても発音は同じという場合がけっこうあるので、少し楽かもしれません。

— ことわざ③  ♪46

「恋は盲目」

F L'amour est aveugle.
ら**ムー**る エタヴぅーグる

S El amor es ciego.
エら**モ**る エス すぃ**エ**ゴ

I L'amore è cieco.
ら**モー**レ エ **チェー**コ

　amour, amor, amore が「恋、愛」という意味の男性名詞で定冠詞がついています。aveugle, ciego, cieco が「盲目の」という意味の形容詞です。定冠詞は「恋というものは」という意味で使われています。ことわざの意味の説明は不要ですね。

「私はおなかが空いて のどが渇いています。」

♪47

フランス語

F

J'ai faim et soif.
じぇ　　ファン　　エ　　スワフ

スペイン語

S

Tengo hambre y sed.
テンゴ　　　　アンブレ　　イ　　セ

イタリア語

I

Ho fame e sete.
オ　　ファーメ　　エ　　セーテ

英語の I have ～ にあたる「私は～を持っています」を表す表現に、「飢え」と「のどの渇き」という意味の２つの名詞を接続詞でつないだ語句が続きます。英語では I'm hungry and thirsty. と be 動詞と形容詞を組み合わせて表現しますが、３言語では have 動詞を使うところがおもしろいですね。

ai　▶（私は）〜を持っています（have動詞）

faim　▶飢え（女性名詞）　　et　▶〜と〜（and）

soif　▶のどの渇き（女性名詞）

「おなかが空いている」を「飢えを持っている」、「のどが渇いている」
を「のどの渇きを持っている」と表現します。

tengo　▶私は〜を持っています（have動詞）

hambre　▶飢え（女性名詞）　　y　▶〜と〜（and）

sed　▶のどの渇き（女性名詞）

フランス語とまったく同じ表現になっています。h は発音せず、語末の
d も発音しないと考えてかまいません。

ho　▶私は〜を持っています（have動詞）

fame　▶飢え（女性名詞）　　e　▶〜と〜（and）

sete　▶のどの渇き（女性名詞）

フランス語、スペイン語と同じ表現です。h は発音しません。

「おなかが空いている」や「のどが渇いている」は慣用表現なので、名詞には
冠詞がつきません。スペイン語とイタリア語では主語が省略されていますが、こ
れがふつうの言い方です。「私は」にあたる yo, io をそれぞれ動詞の前に置く
と、「（ほかの人ではなく）私は」のように「私」を特に強める言い方になります。

have 動詞

have 動詞「〜を持っている」

be 動詞とならんで日常会話に欠かすことのできない動詞です。

「〜を持っている」が基本の意味ですが、いろいろな用法があり、大変便利な動詞ですので活用をしっかりマスターしましょう。

フランス語		スペイン語		イタリア語	
不定詞	avoir アヴワール	不定詞	tener テネル	不定詞	avere アヴェーレ
j'ai ジェ		yo	tengo テンゴ	io	ho オ
tu as チュ ア		tú	tienes ティエネス	tu	hai アーイ
il a, elle a イラ　エラ		él, ella, usted	tiene ティエネ	lui, lei, Lei	ha ア
nous avons ヌザヴォン		nosotros	tenemos テネモス	noi	abbiamo アッビヤーモ
vous avez ヴザヴェ		vosotros	tenéis テネイス	voi	avete アヴェーテ
ils ont, elles ont イルゾン　エルゾン		ellos, ellas, ustedes	tienen ティエネン	loro	hanno アンノ

　フランス語では動詞が母音で始まるため、je がエリジョンによって j' となります。イタリア語では、語頭の母音にアクセントがある場合だけつづりに h が加わります。

　これらの動詞は英文法でいう第 3 文型で使われ、直接目的語をとります。例文で確認しておきましょう。

「女性秘書はきれいな [**F** beau / **S** hermoso / **I** bello] 花束を持っている。」

F La secrétaire a un beau bouquet.
　ら　　スクレテール　ア　アン　ボ　　　　ブケ

S La secretaria tiene un ramo hermoso.
　ら　　セクレ**タ**リア　ティ**エ**ネ　ウン　ル**ラ**モ　　エルモソ

I La segretaria ha un bel mazzo di fiori .
　ら　　セグレ**タ**ーリヤ　ア　ウン　べる　**マ**ッツォ　ディ　フィオーリ

※フランス語の beau とイタリア語の bello は名詞の前に置きます。bello は
　多くの子音（定冠詞男性形で il が使われる子音）の前で bel という短い形に
　なります。

「先生はすばらしい [**F** magnifique / **S** magnífico / **I** magnifico] 時計を
持っている。」

F Le professeur a une montre magnifique.
　る　　プロフェナール　ア　ゆヌ　モントゥル　マ二フィック

S El profesor tiene un reloj magnífico.
　エる　プロフェ**ソ**ル　ティ**エ**ネ　ウン　ルレ**ロ**ホ　マグ**二**フィコ

I Il professore ha un orologio magnifico.
　イる　プロフェッ**ソ**ーレ　ア　　ウノロ**ロ**ージョ　マ二フィコ

「私たちにはたくさんの [**F** beaucoup de / **S** mucho / **I** molto] 友達がい
る。」

F Nous avons beaucoup d'amis. / **S** Tenemos muchos amigos.
　ヌザヴォン　ボ**ク**　ダミ　　　　　　テネモス　　**ム**チョス　　アミゴス

I Abbiamo molti amici.
　アッビ**ヤ**ーモ　**モ**るティ　アミーチ

※「たくさん」という表現はスペイン語とイタリア語では形容詞ですが、名詞の
　前に置きます。フランス語では形容詞ではなく、前置詞 de がついた表現に
　なります。この de は母音の前でエリジョンにより d' となります。

「彼らはすてきな [**F** merveilleux / **S** maravilloso / **I** meraviglioso] 別荘
を持っている。」

F Ils ont une villa merveilleuse. / **S** Tienen una villa maravillosa.
　イるゾン　　ゆヌ　ヴィら　メルヴェユ**ゥ**ーズ　　　ティ**エ**ネン　ウナ　**ビ**ジャ　マラビ**ジョ**サ

I Hanno una villa meravigliosa.
　アンノ　ウナ　**ヴィ**うら　メラヴィぃ**りょ**ーサ

「寒い [**F** avoir froid / **S** tener frío / **I** avere freddo] かい？」

F Tu as froid ? / **S** ¿Tienes frío? / **I** Hai freddo?
　チュ　ア　フルワ　　　ティ**エ**ネス　フリオ　　アーイ　フレッド

「暑い [**F** avoir chaud / **S** tener calor / **I** avere caldo] ですか？」

F Vous avez chaud ? / **S** ¿Tiene usted calor? / **I** Lei ha caldo?
　ヴザヴェ　　ショ　　　　　ティエネ　ウステ　カ**ろ**ル　　　　れーイ　ア　**カ**るド

　疑問文は後の課で学びますが、スペイン語では主語と動詞の順序を入れ替え、
文の最初にも疑問符を置きます。

── ことわざ④ ────────────────────────── ♪48

「一寸の虫にも五分の魂」

F La fourmi a sa colère.
　ら　　**フ**ルミ　　ア　サ　　コれール

S Cada hormiga tiene su ira.
　カダ　　　　オル**ミ**ガ　　ティ**エ**ネ　ス　**イ**ラ

I Anche la mosca ha la sua collera.
　アンケ　　ら　　**モ**スカ　　ア　ら　**ス**ーア　　**コ**ぅれラ

　直訳すると、それぞれ「アリには自分の怒りがある」、「どのアリにもそれぞれ
の怒りがある」、「ハエにも自分の怒りがある」となります。colère, ira, collera
が「怒り」という意味の女性名詞で、後で学ぶ「自分（彼・彼女）の」という意味
の所有形容詞がついています。フランス語 fourmi、スペイン語 hormiga が「ア
リ」であるのに対して、イタリア語の mosca が「ハエ」であるところがおもし
ろいですね。スペイン語の cada は英語の every にあたり「どの〜も」という
意味で、イタリア語の anche は英語の also にあたり「〜も」という意味です。

ネコたちのおしゃべり③

Ｌ麻呂：会話でもいちばん使う大事な動詞２つが出てきたが、Ｓ樹だけ「持って
いる」という意味の動詞にわしの habere を使ってないようじゃのぉ。

Ｓ樹：僕も前は haber ってのを使ってたんだけど、「保つ」っていう意味の
tener を代わりに使うようになったんだ。でも haber 自体は今でも使
ってて、「〜がある」っていう意味で使う hay という語は haber の活
用形からきてるんだよ。

Ｆ奈：私も「〜がある」っていう意味には avoir を使って il y a って言うわ。
私たち「持っている」っていう動詞が好きみたいで、いろんな使い方を
するわね。例えば「おなかが空いてる」とか「眠い」とか。こういうと
き、英語では be 動詞を使うのよね。

Ｉ美：英語では形容詞をよく使うから be 動詞になるんだけど、私たちは名詞を
使った表現が好きだから、be 動詞では意味が合わなくなってしまうのよ。

Ｓ樹：でも、「〜がある」っていうときは、Ｉ美は英語と同じように essere を
使って言うよね。be 動詞や essere を使うと、主語の数に合わせて動
詞を変えなきゃいけないからめんどくさいな。僕やＦ奈みたいに have
にあたる動詞を使えば、動詞の形は変えなくてもいいじゃないか。

Ｉ美：もともと essere には「存在する」って意味があるから、それを生かし
てるのよ。意味としてはこっちのほうがわかりやすいわ。それにしても
なんでこの表現で、Ｓ樹とＦ奈は動詞の形を主語に合わせて変えなくて
いいのかしら？

Ｆ奈：主語ってなんのことよ。ちゃんと主語に合わせてるわよ。il は英語の it
にあたる、意味を持たない主語なの。avoir は他動詞で、「存在するもの」
は直接目的語として現れるから、動詞の活用とは関係ないの。

Ｓ樹：そうか、僕は主語が省略できるからそもそも仮主語ってものがないけど、
Ｆ奈みたいに意味を持たない主語が隠れてるって考えればいいんだね。

Ｌ麻呂：なかなか難しい話になってきたけど、若い者にはそれなりの理屈があっ
て動いてる、と。そうやってそれぞれの言語らしい形ができあがってい
くんじゃな。

「私はフランス語、スペイン語、イタリア語、英語と日本語を話します。」

♪49

フランス語

F

Je parle français, espagnol,
じゅ　　バルる　　　　フラんセ　　　　　　エスパニョる

italien, anglais et japonais.
イタリヤン　　　あんぐれ　　　エ　　じゃポネ

スペイン語

S

Hablo francés, español,
アブろ　　　　フラン**セ**ス　　　エスパ**ニ**ョる

italiano, inglés y japonés.
イタリ**ア**ノ　　　　イング**れ**ス　　イ　　　ハ**ポ**ネス

イタリア語

I

Parlo francese, spagnolo,
パルろ　　　　フラン**チェ**ーゼ　　　スパ**ニ**ョーろ

italiano, inglese e giapponese.
イタリ**ヤ**ーノ　　　イング**れ**ーセ　　エ　　ジャッポ**ネ**ーセ

英語の I speak 〜にあたる「私は〜を話す」を表す表現に、「フランス語」、「スペイン語」、「イタリア語」、「英語」、「日本語」にあたる５つの名詞を接続詞でつないだ語句が続きます。英語と同じように、等位接続詞は最後の名詞の前だけに置きます。列挙するときのイントネーションは、最後の単語だけ下げるようにします。

parle ▶（私は）〜を話します（parler）
français ▶ フランス語（男性名詞）
espagnol ▶ スペイン語（男性名詞）
italien ▶ イタリア語（男性名詞）
anglais ▶ 英語（男性名詞）　japonais ▶ 日本語（男性名詞）

hablo ▶（私は）〜を話します（hablar）
francés ▶ フランス語（男性名詞）
español ▶ スペイン語（男性名詞）
italiano ▶ イタリア語（男性名詞）
inglés ▶ 英語（男性名詞）　japonés ▶ 日本語（男性名詞）

parlo ▶（私は）〜を話します（parlare）
francese ▶ フランス語（男性名詞）
spagnolo ▶ スペイン語（男性名詞）
italiano ▶ イタリア語（男性名詞）
inglese ▶ 英語（男性名詞）　giapponese ▶ 日本語（男性名詞）

「話す」という意味の動詞は自動詞として使われますが、言語名を目的語にとって「〜語を話す」という意味では他動詞となります。言語名にはふつう定冠詞がつきますが、「〜語を話す」という場合には冠詞はつけません。英語と同じように「〜語」を表す名詞は「〜人」を表す名詞・形容詞と同じですが、英語とは異なり小文字で書き始める点に注意しましょう。

規則動詞 ①

多くの動詞に使われる活用パターン

　いよいよ本格的に動詞の勉強に入ります。3言語とも規則的に活用する動詞が大半です。まずはこの活用パターンをしっかり身につけましょう。

　いずれの言語でもいちばん多くの動詞が含まれる規則的な活用パターンがあります。不定詞がそれぞれ、フランス語で -er、スペイン語で -ar、イタリア語で -are で終わる動詞がこれにあたります。それぞれ第1群規則動詞、-ar 動詞、-are 動詞と呼ばれます。わずかな不規則動詞を除いて、動詞は語幹と語尾に分けられます。これらの動詞では、語幹が不定詞の語幹と同じ形で、語尾が以下のように規則的なものとなっています。

フランス語		スペイン語		イタリア語	
je	-e	yo	-o	io	-o
tu	-es	tú	-as	tu	-i
il	-e	él	-a	lui	-a
nous	-ons	nosotros	-amos	noi	-iamo
vous	-ez	vosotros	-áis	voi	-ate
ils	-ent	ellos	-an	loro	-ano

　例文に出てきた parler, hablar, parlare「話す」を使って具体的に活用を見てみましょう。活用語尾は赤で示してあります。

★ Ｆ フランス語

　je, tu, il, ils の活用語尾は発音されません。

parler「話す」の活用

je parle
バルれ

tu parles
バルる

il parle
バルる

nous parlons
バルろン

vous parlez
バルれ

ils parlent
バルる

★ Ⓢ スペイン語

vosotros の活用語尾の母音には
アクセント記号がつきます。

	hablar「話す」の活用
yo	hablo アブろ
tú	hablas アブらス
él	habla アブら
nosotros	hablamos アブらモス
vosotros	habláis アブらイス
ellos	hablan アブらン

★ Ⓘ イタリア語

loro の活用形のアクセントは語尾ではなく、
語幹の母音に置かれます。

	parlare「話す」の活用
io	parlo パルろ
tu	parli パルリ
lui	parla パルら
noi	parliamo パルリヤーモ
voi	parlate パルらーテ
loro	parlano パルらノ

同じ活用をする動詞をいくつかあげます。

★ Ⓕ フランス語

arriver 「到着する」
アリヴェ

chanter 「歌う」
しゃんテ

chercher 「探す」
シェルシェ

donner 「与える」
ドネ

écouter 「聞く」
エクテ

entrer 「入る」
あんトゥレ

penser 「考える」
ぱんセ

rentrer 「帰る」
らんトゥレ

tomber 「落ちる」
トンベ

【例文】

J'écoute la musique.「私は音楽を聞く。」
じぇクトゥ　　ら　　ミゅズィック

Les élèves entrent dans la salle de classe.「生徒たちが教室に入る。」
れぜれーヴ　　あんトゥれ　　だん　ら　サる　ドゥ　クラス

Les ouvriers rentrent à la maison.「労働者たちが帰宅する（家に帰る）。」
れズヴリエ　　らんトゥル　　ア　ら　メゾン

changer「変える」、 manger「食べる」もこのパターンで活用しますが、nous の形はつづりに注意が必要です。発音は規則通りです。

nous changeons **nous mangeons**
　　　しゃんじょん　　　　まんじょん

★ S スペイン語

acabar「終える」　**buscar**「探す」　**cambiar**「変える」
アカバル　　　　　　　ブスカル　　　　　　カンビアル

cantar「歌う」　**entrar**「入る」　**escuchar**「聞く」
カンタル　　　　　　エントゥラル　　　　エスクチャル

esperar「期待する」　**llegar**「到着する」　**tomar**「取る」
エスペラル　　　　　　ジェガル　　　　　　　　トマル

【例文】

Escucho la música.「私は音楽を聞く。」
エスクチョ　ら　ムスィカ

Los niños acaban los deberes.「子供たちは宿題を終える。」
ろス　ニニョス　アカバン　ろス　デベレス

Los alumnos entran en la sala de clases.「生徒たちが教室に入る。」
ろサるムノス　エントゥラン　エン　ら　サら　デ　クらセス

enviar 「送る」は yo, tú, él, ellos の活用形でアクセントが i に置かれ、アクセント記号がつきます。
エンビアル

yo envío	tú envías	él envía	nosotros enviamos	vosotros enviáis	ellos envían
エンビオ	エンビアス	エれンビア	エンビアモス	エンビアイス	エンビアン

★ I イタリア語

arrivare「到着する」　**ascoltare**「聞く」　**cantare**「歌う」
アルリヴァーレ　　　　　アスコるターレ　　　　カンターレ

entrare「入る」　**pensare**「考える」　**sperare**「期待する」
エントゥラーレ　　　　ペンサーレ　　　　　スペラーレ

tornare「帰る」
トルナーレ

【例文】

Ascolto la musica.「私は音楽を聞く。」
アスコるト　ら　ムーズィカ

Gli allievi entrano in classe. 「生徒たちが教室に入る。」
リアッリエーヴィ　**エ**ントゥラノ　イン　ク**ら**ッセ

Gli operai tornano a casa. 「労働者たちが帰宅する（家に帰る）。」
リオペ**ラ**ーイ　**ト**ルナノ　ア　**カ**ーザ

　cambiare 「変える」、mangiare 「食べる」は tu と noi の活用形で語幹の母
カンビ**ヤ**ーレ　　　　　マン**ジャ**ーレ
音 i を落とします。これはアクセントが置かれない母音を重ねてつづることを避
けるためです。

tu cambi　**noi cambiamo**　**tu mangi**　**noi mangiamo**
カンビ　　　　カンビ**ヤ**ーモ　　　　　**マ**ンジ　　　　マン**ジャ**ーモ

　inviare 「送る」も noi, voi については同じですが、io, tu, lui, loro では語尾
イン**ヴィ**ヤーレ
の直前の母音 i にアクセントが置かれます。tu の形では ii と重ねてつづります。

io invio	tu invii	lui invia	noi inviamo	voi inviate	loro inviano
イン**ヴィ**ーオ	イン**ヴィ**ーイ	イン**ヴィ**ーア	インヴィ**ヤ**ーモ	インヴィ**ヤ**ーテ	イン**ヴィ**ヤーノ

　cercare 「探す」は tu と noi の活用形で c を ch に変えます。発音は規則的で
チェル**カ**ーレ
す。

tu cerchi　**noi cerchiamo**
チェルキ　　　　チェルキ**ヤ**ーモ

　このタイプの動詞は 3 言語で形がよく似ている場合が多く見られます。これ
は、ラテン語で -are という語尾の規則動詞をもとにしているからです。フラン
ス語だけ語尾の母音が e に変わっているところがおもしろいですね。

— ことわざ⑤ ────────────────────────────── ♪50

「探す者は見出す」

F Qui cherche, trouve.
キ　　　　シェルシュ　　　　トゥルーヴ

S Quien busca, halla.
キエン　　　　**ブ**スカ　　　**ア**ジャ

I Chi cerca, trova.
キ　　　**チェ**ルカ　　　トゥ**ロ**ーヴァ

　「何事も自分から求めてこそ手に入れられるものだ」という意味のことわざで、同じ趣旨の表現は新約聖書にもあります。いずれの言語も言い回しは同じで、qui, quien, chi は英語の those who にあたる「〜をする者」という関係代名詞です。フランス語の chercher「探す」、trouver「見つける」、スペイン語の
シェルシェ　　　　　　　　トゥルヴェ
buscar「探す」、hallar「見つける」、イタリア語の cercare「探す」、trovare「見
ブスカル　　　　アジャル　　　　　　　　　　　　　　　　チェル**カ**ーレ　　　　トゥロ**ヴァ**ーレ
つける」は、いずれもこの課で習った規則動詞です。

「その俳優は1年前から
ロンドンに住んでいます。」

♪51

F L'acteur vit à Londres
らクトゥール　　ヴィ　ア　　ろンドゥル

depuis un an.
ドゥピュイ　　アンなん

S El actor vive en Londres
エらクトル　　ビベ　エン　　ろンドゥレス

desde hace un año.
デスデ　　アせ　　ウナニョ

I L'attore vive a Londra da
らットーレ　　ヴィーヴェ　ア　　ろンドゥラ　　ダ

un anno.
ウナンノ

英語の The actor lives ～にあたる「その俳優は～住んでいる」を表す表現に、「ロンドンに」という場所を示す前置詞句と「1年前から」という時間を示す前置詞句が続きます。英語と異なり、過去からの状態の継続は現在形で表現します。「住む」という意味の動詞は、英語と同じように「生きる」という意味にも使われます。

acteur ▶（男性）俳優　vit ▶ 住んでいる（vivreの3人称単数）
à ▶ 〜に（場所を表す前置詞）　Londres ▶ ロンドン
depuis ▶ 〜前から（英語のsinceにあたる前置詞ですが、sinceと
違って期間を表す名詞句を続けることもできます）
an ▶ 年（男性名詞）

actor ▶（男性）俳優
vive ▶ 住んでいる（vivirの3人称単数）
en ▶ 〜に（場所を表す前置詞）　Londres ▶ ロンドン
desde ▶ 〜から（英語のsinceにあたる前置詞）
hace ▶ 〜前（英語のagoにあたる前置詞）　año ▶ 年（男性名詞）

attore ▶（男性）俳優　vive ▶ 住んでいる（vivereの3人称単数）
a ▶ 〜に（場所を表す前置詞）　Londra ▶ ロンドン
da ▶ 〜前から　anno ▶ 年（男性名詞）

da はイタリア語独特の前置詞で、英語の from, by などにあたるい
ろいろな意味で使われます。

「ロンドン」という固有名詞は、それぞれの言語で多少形が変わっています。こ
のように、特にヨーロッパの地名は原語とはかなり違う形になっていることがあ
ります。ここでは場所を表す前置詞にフランス語では à、イタリア語では a を使
っていますが、地名によっては別の前置詞を使うこともあるので、前置詞句全
体でまとめて覚えるようにしましょう。

規 則 動 詞 ②

もう一つの規則動詞

前の課で勉強したパターンのほかにも規則動詞があります。こちらも大切なので、ぜひ覚えるようにしましょう。フランス語とそれ以外ではパターンが違うので、まずフランス語から見ていきます。

★ F フランス語

不定詞が -ir で終わる動詞に規則的に活用するものがあり、第 2 群規則動詞と呼ばれます。このパターンでは、不定詞の -r をとったものが単数語幹、単数語幹に -ss をつけた形が複数語幹であると覚えましょう。たとえば、finir「終える」であれば単数語幹が fini-、複数語幹が finiss-、choisir「選ぶ」であれば単数語幹が choisi-、複数語幹が choisiss- で、これらの語幹に以下の語尾をつければ現在形ができます。

複数人称での語尾は -er 動詞と同じですね。フランス語の動詞の現在形では、複数人称での語尾がほとんどの動詞で共通となっています。具体的な活用形を確認しておきましょう。

je	-s
tu	-s
il	-t
nous	-ons
vous	-ez
ils	-ent

finir「終える」の活用	choisir「選ぶ」の活用
je finis フィニ	je choisis シュワズィ
tu finis フィニ	tu choisis シュワズィ
il finit フィニ	il choisit シュワズィ
nous finissons フィニソン	nous choisissons シュワズィソン
vous finissez フィニセ	vous choisissez シュワズィセ
ils finissent フィニス	ils choisissent シュワズィス

　第２群規則動詞と似たパターンで活用する動詞がありますので、これも覚え
ておきましょう。文法書では不規則動詞として扱われていますが、実際にはかな
り規則的です。不定詞が -ir もしくは -re で終わる一部の動詞で、やはり単数と
複数で語幹が変わります。-ir で終わるものは単数語幹が -ir とその直前の子音を
除いた形、複数語幹が -ir を除いた形で、例えば dormir「眠る」では単数語幹
が dor-、複数語幹が dorm- となります。-re で終わるものは単数語幹が -re と
その直前の子音をとった形、複数語幹が -re をとった形で、例えば例文に出てき
た vivre 「生きる、住む」では単数語幹が vi-、複数語幹が viv- となります。複
数語幹の方が長い形になる点が -ir 規則動詞と同じですね。これらの語幹に第２
群規則動詞と同じ語尾をつければ現在形ができます。partir「出発する」、
servir 「給仕する、仕える」、 sortir 「出る、出かける」、 entendre 「聞こえる」
と合わせて活用を見ておきましょう。

je dors ドール	tu dors ドール	il dort ドール	nous dormons ドルモン	vous dormez ドルメ	ils dorment ドルム
je vis ヴィ	tu vis ヴィ	il vit ヴィ	nous vivons ヴィヴォン	vous vivez ヴィヴェ	ils vivent ヴィーヴ
je pars パール	tu pars パール	il part パール	nous partons パルトン	vous partez パルテ	ils partent パルトゥ
je sers セール	tu sers セール	il sert セール	nous servons セルヴォン	vous servez セルヴェ	ils servent セルヴ
je sors ソール	tu sors ソール	il sort ソール	nous sortons ソルトン	vous sortez ソルテ	ils sortent ソルトゥ
j'entends じゃんたん	tu entends あんたん	il entend イらんたん	nous entendons ヌざんたんドン	vous entendez ヴざんたんデ	ils entendent いるざんたんドゥ

　最後の entendre では、つづり上は -re をとった entend- が全人称に共通の
語幹になりますが、単数人称では最後の d は発音されません。このため発音上
は単数語幹と複数語幹が異なることになります。注意点として、３人称単数で
は語尾の -t が落ちます。これは、語幹の最後の子音 d と t が同類の子音である
ため、重なるのを避けるためです。 descendre 「降りる」、 répondre 「答える」
も同じように活用します。

これと少し違うパターンに rire「笑う」、 voir「見える、会う」があります。
これらはすべての人称で語幹が同じで、それぞれ ri-, voi- となります。ただし、
voir は nous と vous で、語幹の i が語尾の母音となめらかにつながるように y
に変わります。

rire「笑う」の活用

je ris
リ
tu ris
リ
il rit
リ
nous rions
リヨン
vous riez
リエ
ils rient
リ

voir「見える、会う」の活用

je vois
ヴワ
tu vois
ヴワ
il voit
ヴワ
nous voyons
ヴワヨン
vous voyez
ヴワィエ
ils voient
ヴワ

【例文】

Les enfants finissent les devoirs.「子供たちは宿題を終える。」
れざんふぁん　　フィニス　　れ　　ドゥヴワール

Je choisis un bon restaurant.「私はよいレストランを選ぶ。」
じゅ　シュワズィ　アン　ボン　　レストらん

★ S スペイン語

不定詞が -er と -ir で終わる動詞にも規則動詞があり、それぞれ -er 動詞、-ir
動詞と呼ばれます。-ar 動詞と同じように語幹が不定詞の語幹と同じ形で、語尾
が規則的です。

-er動詞	
yo	-o
tú	-es
él	-e
nosotros	-emos
vosotros	-éis
ellos	-en

-ir動詞	
yo	-o
tú	-es
él	-e
nosotros	-imos
vosotros	-ís
ellos	-en

　この2つのタイプの相違点は、nosotros と vosotros でそれぞれ不定詞の語尾の母音と同じ母音が語尾に現れる点です。それ以外では、yo を除いて e という母音が出てきます。comer「食べる」と例文に出てきた vivir「生きる、住む」を使って具体的に活用を見てみましょう。

comer「食べる」の活用		vivir「生きる、住む」の活用	
yo	como コモ	yo	vivo ビボ
tú	comes コメス	tú	vives ビベス
él	come コメ	él	vive ビベ
nosotros	comemos コメモス	nosotros	vivimos ビビモス
vosotros	coméis コメイス	vosotros	vivís ビビス
ellos	comen コメン	ellos	viven ビベン

　同じ活用をする -er 動詞には beber「飲む」 deber「〜しなければならない」、leer「読む」、-ir 動詞には escribir「書く」 partir「出発する、分ける」などがあります。

【例文】

Debes estudiar mucho.「君はたくさん勉強しなきゃいけないよ。」
デベス　　エストゥディアル　　ムチョ

La chica escribe una larga carta.「その女の子は長い手紙（carta）を書く。」
ら　　チカ　　エスクリベ　　ウナ　　らルガ　　カルタ

★Ⅰ イタリア語

　スペイン語と同じように、不定詞が -ere と -ire で終わる動詞にも規則動詞があり、それぞれ -ere 動詞、-ire 動詞と呼ばれます。-are 動詞と同じように語幹が不定詞の語幹と同じ形で、語尾が規則的です。

<table>
<tr><th colspan="2">-ere動詞</th><th colspan="2">-ire動詞</th></tr>
<tr><td>io</td><td>-o</td><td>io</td><td>-o</td></tr>
<tr><td>tu</td><td>-i</td><td>tu</td><td>-i</td></tr>
<tr><td>lui</td><td>-e</td><td>lui</td><td>-e</td></tr>
<tr><td>noi</td><td>-iamo</td><td>noi</td><td>-iamo</td></tr>
<tr><td>voi</td><td>-ete</td><td>voi</td><td>-ite</td></tr>
<tr><td>loro</td><td>-ono</td><td>loro</td><td>-ono</td></tr>
</table>

　この2つのパターンで違うのは、voi で不定詞の語尾の母音と同じ母音が語尾に現れる点です。それ以外では同じ語尾となります。loro の活用語尾は io の活用語尾に -no をつけたもので、大半の -ere 動詞とすべての -ire 動詞に見られるパターンなので、覚えておきましょう。例文に出てきた vivere「生きる、住む」（ヴィーヴェレ）と dormire「眠る」（ドルミーレ）を使って具体的に活用を見てみましょう。

<table>
<tr><th colspan="2">vivere「生きる、住む」の活用</th><th colspan="2">dormire「眠る」の活用</th></tr>
<tr><td>io</td><td>vivo
ヴィーヴォ</td><td>io</td><td>dormo
ドルモ</td></tr>
<tr><td>tu</td><td>vivi
ヴィーヴィ</td><td>tu</td><td>dormi
ドルミ</td></tr>
<tr><td>lui</td><td>vive
ヴィーヴェ</td><td>lui</td><td>dorme
ドルメ</td></tr>
<tr><td>noi</td><td>viviamo
ヴィヴィヤーモ</td><td>noi</td><td>dormiamo
ドルミヤーモ</td></tr>
<tr><td>voi</td><td>vivete
ヴィ**ヴェ**ーテ</td><td>voi</td><td>dormite
ドルミーテ</td></tr>
<tr><td>loro</td><td>vivono
ヴィーヴォノ</td><td>loro</td><td>dormono
ドルモノ</td></tr>
</table>

　同じ活用をする -ere 動詞には cadere 「落ちる」、prendere 「取る」、ridere 「笑う」、scrivere 「書く」、vedere 「見える、会う」、-ire 動詞には partire 「出発する」、sentire 「感じる、聞こえる」、servire 「給仕する、仕える」などがあります。

※ -are 動詞と -ire 動詞の不定詞はアクセントが必ず語尾の母音に置かれますが、-ere 動詞ではアクセントが語幹の母音に置かれるものが多いので、覚えるときにアクセントの位置にも注意しましょう。

　conoscere「知っている」、leggere「読む」は、つづり上は規則的ですが、io と loro で sc や g の発音が他の人称とは異なります。

conoscere「知っている」の活用

io	conosco コノスコ
tu	conosci コノッシ
lui	conosce コノッシェ
noi	conosciamo コノッシャーモ
voi	conoscete コノッシェーテ
loro	conoscono コノスコノ

leggere「読む」の活用

io	leggo れッゴ
tu	leggi れッジ
lui	legge れッジェ
noi	leggiamo れッジャーモ
voi	leggete れッジェーテ
loro	leggono れッゴノ

　scegliere 「選ぶ」は、lui と voi 以外で語幹の i を落とします。また、io と loro で語幹の g と l が入れ替わった形になります。

scegliere「選ぶ」の活用

io	scelgo シェるゴ
tu	scegli シェぃり
lui	sceglie シェぃりぇ
noi	scegliamo シェぃりゃーモ
voi	scegliete シェぃりぇーテ
loro	scelgono シェるゴノ

【例文】

Conosco bene Gianni.「私はジャンニをよく知っている。」
コノスコ　　　ベーネ　　ジャンニ

La ragazza scrive una lunga lettera.
ら　　ルラガッツァ　スクリーヴェ　ウナ　　るンガ　　れッテラ

「その女の子は長い手紙（lettera）を書く。」

Scelgo un buon ristorante.「私はよいレストランを選ぶ。」
シェるゴ　　ウン　　ブオン　　ルリストランテ

　この課で学んだ動詞は、規則動詞とはいえ少し複雑ですね。これは、ラテン語のいくつかの動詞のタイプが混じって現在のパターンに落ち着いたためです。規則性に注意しながら１つひとつ覚えていけばそれほど大変ではありませんので、がんばりましょう。

— ことわざ⑥  ♪52

「大欲は無欲に似たり」

F Le surplus rompt le couvercle.
る　スュルプリゅ　ロン　る　クヴェルクる

S La demasía rompe la talega.
ら　デマスィア　ルロンペ　ら　タれガ

I Ogni soverchio rompe il coperchio.
オンニ　ソヴェルキョ　ルロンペ　イる　コペルキョ

　「あまりものが多すぎるとそれを入れた袋やふたが破れてしまい、結局は何も
得られない」という意味のことわざで、「あまりにも欲が深すぎると結局欲がな
い場合と同じ結果になってしまう」ということを表しています。
　基本的に言い回しは同じですが、フランス語とイタリア語では「過多はふたを
破る」に対して、スペイン語では「過多は袋を破る」となっています。イタリア
語の ogni は「どんな（〜も）」という強調の意味を加えています。使われてい
る動詞はいずれもこの課で習ったタイプの動詞で、フランス語 rompre、スペイ
ン語 romper、イタリア語の rompere です。

「私は悲しい歌は歌いません。」
「あなたは陽気な歌を歌いますか？」

♪53

フ ラ ン ス 語

F

Je ne chante pas de chansons tristes.
ジュ　ヌ　しゃんトゥ　パ　ドゥ　しゃんソン　トゥリストゥ

Vous chantez des chansons joyeuses ?
ヴ　しゃんテ　デ　しゃんソン　じゅワユューズ

ス ペ イ ン 語

S

No canto canciones tristes.
ノ　カント　カンすぃオネス　トゥリステス

¿Canta usted canciones alegres?
カンタ　ウステ　カンすぃオネス　アれグレス

イ タ リ ア 語

I

Non canto canzoni tristi.
ノン　カント　カンツォーニ　トゥリスティ

Lei canta canzoni allegre?
れーイ　カンタ　カンツォーニ　アぅれーグレ

1つめの文は英語の I sing 〜にあたる「私は歌う」という表現を否定にした
もので、これに「悲しい歌」を表す複数形の名詞句が続いています。フランス
語だけ不定冠詞の des の形を変えた de が、直接目的語の前に使われます。
2つめの文は「あなたは歌う」という表現を疑問文にしたもので、「陽気な歌」
を表す複数形の名詞句が続いています。

ne...pas ▶ 〜ない　chante ▶ 歌う（chanterの1人称単数）

de ▶ 否定文の直接目的語につく不定冠詞

chansons ▶ 歌（女性名詞chansonの複数形）　tristes ▶ 悲しい（tristeの複数形）

chantez ▶ 歌う（chanterの2人称複数）

joyeuses ▶ 陽気な（joyeuxの女性複数形）

no ▶ 〜ない　canto ▶ 歌う（cantarの1人称単数）

canciones ▶ 歌（女性名詞canciónの複数形）

tristes ▶ 悲しい（tristeの複数形）

canta ▶ 歌う（cantarの3人称単数）

alegres ▶ 陽気な（alegreの複数形）

non ▶ 〜ない　canto ▶ 歌う（cantareの1人称単数）

canzoni ▶ 歌（女性名詞canzoneの複数形）

tristi ▶ 悲しい（tristeの複数形）

canta ▶ 歌う（cantareの3人称単数）

allegre ▶ 陽気な（allegroの女性複数形）

否定文を作るには、スペイン語とイタリア語ではそれぞれnoとnonを動詞の前に置くだけですが、フランス語は動詞をneとpasではさみます。疑問文は、スペイン語だけ主語が動詞の後に置かれ、フランス語とイタリア語では語順が変わりません。文末を上げて言うだけで疑問文として解釈されます。どちらも英語よりも作り方が簡単ですね。

否定文と疑問文

今までいくつか動詞を勉強して、きちんとした文が作れるようになりました。この課では、否定文と疑問文の作り方を勉強して、さらに表現の幅を広げていきましょう。

否定文

否定文は、それぞれの言語で「〜ない」を表す表現を動詞の近くに置いて作ります。

フランス語では、ne と pas という 2 つの語で動詞をはさみます。動詞が母音で始まる場合には、ne はエリジョンによって n' という短い形になります。

F Je ne parle pas chinois.「私は中国語を話さない。」
ジュ ヌ パルる パ シヌワ

F Il n'est pas avocat.「彼は弁護士ではない。」
イる ネ パ アヴォキャ

否定文の動詞が直接目的語をとる場合、直接目的語につく不定冠詞は de という形になります。この de は、いわば「ゼロ」を表す冠詞です。

F Je n'ai pas de mouchoir.「私はハンカチを持っていない。」
ジュ ネ パ ドゥ ムシュワール

スペイン語では、noという語を動詞の前に置けば否定文になります。直接目的語につく不定冠詞は否定文では使われません。

S No hablo chino.「私は中国語を話さない。」
ノ アブろ チノ

S No es abogado.「彼は弁護士ではない。」
ノ エス アボガド

S No tengo pañuelo.「私はハンカチを持っていない。」
ノ テンゴ パニュエろ

イタリア語でも non という語を動詞の前に置けば否定文になります。

I Non parlo cinese.「私は中国語を話さない。」
ノン パルろ チネーセ

I Non è avvocato.「彼は弁護士ではない。」
ノネ アッヴォカート

I Non ho un fazzoletto.「私はハンカチを持っていない。」
ノノ ウン ファッツォれット

英語の never にあたる「決して〜ない」という否定表現も覚えておきましょう。

フランス語では、動詞を ne と jamais ではさみます。

F Pierre n'arrive jamais à temps. 「ピエールは決して時間通りに来ない。」
ピエール　　ナリヴ　　じゃメ　ア　たん

スペイン語では、否定文の最後に nunca を置きます。動詞の前に nunca を置くだけでもよく、この場合は否定の no はいりません。

S Pedro no llega a tiempo nunca. / Pedro nunca llega a tiempo.
ペドゥロ　　ノ　ジェガ　ア　ティエンポ　ヌンカ　　ペドゥロ　ヌンカ　ジェガ　ア　ティエンポ

「ペドロは決して時間通りに来ない。」

イタリア語では、否定文の動詞の後ろに mai を置きます。

I Pietro non arriva mai a tempo. 「ピエトロは決して時間通りに来ない。」
ピエトゥロ　ノナルリーヴァ　マーイ　ア　テンポ

疑問文

疑問文の作り方も簡単です。フランス語では、会話文で語順を変えずに文末のイントネーションを上げるだけで疑問文になります。疑問文であることをはっきりと示すために、文頭に疑問を表す est-ce que を置くこともできます。que は次にくる語が母音で始まる場合、エリジョンによって qu' となります。文末には疑問符を置きます。書くときは、フランス語では文の最後の語と疑問符の間にスペースを入れるのが決まりです。

F Vous êtes américain ? 「あなたはアメリカ人ですか？」
ヴゼットゥ　　アメリキャン

F Il y a un bureau de poste près d'ici ?
イリヤ　アン　ビュロ　ドゥ　ポストゥ　プレ　ディスィ

「この近くに郵便局（bureau de poste）はありますか？」

F Est-ce qu'elle a beaucoup de vêtements ?
エ　ス　ケラ　　ボク　ドゥ　ヴェトゥまん

「彼女は服をたくさん持っていますか？」

あらたまった感じの疑問文として、主語と動詞の語順を入れ替えたものもあります。ただし、これは主語が代名詞の場合に限り、動詞と主語はハイフン(-)でつなぎます。

F Parlez-vous français ?「あなたはフランス語を話しますか？」
パルれ　　　　ヴ　　　フらんセ

　スペイン語では、主語と動詞の語順を入れ替えて疑問文を作るのが基本です
が、特に会話では平叙文（断定して言う文）と同じ語順でも疑問文になります。
書くときは、疑問符は文末だけでなく、文頭にも逆さにしたものを置きます。

S ¿Es usted americano?「あなたはアメリカ人ですか？」
エス　　ウステ　　　アメリ**カ**ノ

S ¿Hay una oficina de correos cerca de aquí?
アイ　ウナ　オフィ**すい**ナ　デ　　コル**レ**オス　　　**せ**ルカ　デ　　**ア**キ

　　　　　　　　「この近くに郵便局（oficina de correos）はありますか？」

S ¿Ana tiene mucha ropa?「アナは服をたくさん持っていますか？」
アナ　　ティ**エ**ネ　　**ム**チャ　　ル**ロ**パ

　イタリア語でも、フランス語と同じように文末のイントネーションを上げるだ
けで疑問文になります。

I Lei è americano?「あなたはアメリカ人ですか？」
れーイ　エ　　アメリ**カ**ーノ

I C'è un ufficio postale qui vicino?
チェ　　ウヌッ**フィ**ーチョ　　ポス**タ**ーれ　クィ　ヴィ**チ**ーノ

　　　　　　　　「この近くに郵便局（ufficio postale）はありますか？」

I Anna ha molti vestiti?「アンナは服をたくさん持っていますか？」
アンナ　ア　　**モ**るティ　ヴェス**ティ**ーティ

― ことわざ⑦ ♪54

「虎穴に入らずんば虎子を得ず」

F Qui ne risque rien, ne gagne rien.
キ ヌ リスク リヤン ヌ ギャニュ リヤン

S Quien no arrisca, no aprisca.
キエン ノ アルリスカ ノ アプリスカ

I Chi non s'avventura, non ha ventura.
キ ノン サッヴェントゥーラ ノナ ヴェントゥーラ

　漢文でおなじみのことわざで、ヨーロッパにも同じものがあります。「大きな成功を収めるには危険を冒さなければならない」という意味ですね。いずれも「危険を冒さない者は」という関係代名詞を使った主部の部分は同じですが、その後の述部はフランス語では「何も得られない」、スペイン語では「囲い場に入れない」、イタリア語では「幸運が得られない」と、それぞれ違う表現が使われています。

　この課で習った否定文が２回現れ、いずれも主部の終わりと述部の終わりがきれいに韻を踏んでいて、音読すると非常にリズミカルな文となっています。

ネコたちのおしゃべり④

L 麻呂：わしは、疑問文はそれ専用の単語を使って疑問だということをしっかり
表すようにしているが、お前たちはそうではないようじゃな。

S 樹：おじいちゃんは書くことが多いからそうかもしれないけど、僕らは話す
のが大事だからもっと簡単にしてるよ。僕は主語と動詞の順番をひっく
り返して、疑問文だってわかるようにしてるんだ。

F 奈：主語と動詞をひっくり返すというやり方は私も使うけど、ふつうに話す
ときは語順を変えないで、文末を上げるイントネーションだけですませ
ることも多いわ。

I 美：私も F 奈と同じで、イントネーションだけで疑問文にしてるわ。会話だ
ったらそれだけで十分だもの。

L 麻呂：なるほど。お前たちの好きなスピード重視っていうやつかな。ところで
否定文については F 奈だけちょっと変わっておるの。

F 奈：もともとはおじいちゃんやみんなと同じように動詞の前に否定の ne を
置くだけだったんだけど、私って単語のまとまりの終わりを強く発音す
る癖があるでしょう？　ne と動詞はひとまとまりだから、だんだん ne
を弱く言うようになっちゃったの。で、否定を強調したいときにだけ動
詞の後ろに置いてた pas という語があったから、それもいつも使うよ
うにして、否定が目立つようにしたの。今では、会話で早くしゃべると
きは ne を落としちゃうことだってあるわ。

S 樹：僕は否定の no を強く発音するようにしてるから、そんな必要はないな。

I 美：私は否定の non を動詞とつなげてなめらかに言うけど、o という母音
ははっきり聞こえるからそれだけで否定文だってすぐにわかるわね。

L 麻呂 : なるほどな。疑問と否定は会話ではとっても大事だから、すぐにわかる
ように工夫しなければいけないってことじゃな。

<table>
</table>

| フランス語 | 否定文では ne を弱く読み、
pas が実質上の否定の意味を担っている |

Je　ne　veux　**pas**　t'épouser

「マリア（マリ）は踊りがとても うまいのを君は知ってる？」

♪55

フランス語

F

Tu sais que Marie danse
チュ　セ　ク　　　マリ　　　だんス
très bien ?
トゥレ　　　ビヤン

スペイン語

S

¿Sabes que María baila
サベス　　　ケ　　　マリア　　　バイら
muy bien?
ムイ　　ビエン

イタリア語

I

Sai che Maria balla molto
サーイ　ケ　　マリーア　　バぅら　　モるト
bene?
ベーネ

英語の Do you know ～にあたる「君は～を知ってる？」を表す表現に、「～ということ」と文をつなぐ働きをする、英語の that にあたる接続詞が続きます。知っている内容は「マリア（マリ）はとてもうまく踊る」という文で表されていて、日本語らしくすると「マリア（マリ）は踊りがとてもうまい」という意味になります。

sais ▸ 〜を知っている（savoir の 2 人称単数）

que ▸ 〜ということ（接続詞）

Marie ▸ マリ（女性の名前）

danse ▸ 踊る（danser、3 人称単数）

très ▸ とても　bien ▸ 上手に

sabes ▸ 〜を知っている（saber の 2 人称単数）

que ▸ 〜ということ（接続詞）

María ▸ マリア（女性の名前）

baila ▸ 踊る（bailar、3 人称単数）

muy ▸ とても　bien ▸ 上手に

sai ▸ 〜を知っている（sapere の 2 人称単数）

che ▸ 〜ということ（接続詞）

Maria ▸ マリーア（女性の名前）

balla ▸ 踊る（ballare、3 人称単数）

molto ▸ とても　bene ▸ 上手に

「知っている」という意味の動詞 savoir, saber, sapere は、接続詞によって導かれる文（従属節と呼びます）をとり、この従属節が知っている内容を表しています。「マリア」という女性の名前はフランス語では「マリ」、イタリア語では「マリーア」となります。同じ語源の名前が言語によって発音が変わってくるのがおもしろいですね。

95

不 規 則 動 詞 ①

　これまで規則動詞をいくつか学びましたが、これにあてはまらない不規則な動詞がけっこうあります。なかなか活用が複雑なのですが、いくつかのパターンがあるので、できるだけわかりやすく説明していきます。

★ F フランス語

　規則動詞②で語幹が単数と複数で変わる動詞を学びましたが、ここで学ぶ動詞も基本的にはこのパターンです。前に習った動詞と違うのは、不定詞からは予想できない語幹があるという点で、この語幹を動詞ごとに覚えるのがポイントです。語尾は前に習ったものと同じものなので、以下にもう一度あげておきます。

je	-s
tu	-s
il	-t
nous	-ons
vous	-ez
ils	-ent

　connaître「知っている」、écrire「書く」、lire「読む」は単数語幹が不定詞と同じで、複数語幹に不定詞にない子音が現れます。それぞれの活用を確認しましょう。

connaître → ◆単数語幹 connai-（次に t が続く場合だけ connaî- とアクセント記号がつきますが、現在のつづりの規則ではつけなくてもいいことになっています。このアクセント記号は、昔はあった s が脱落したことを表しています。）
◆複数語幹 connaiss-

connaître「知っている」の活用

je connais
コネ
tu connais
コネ
il connaît
コネ
nous connaissons
コネソン
vous connaissez
コネセ
ils connaissent
コネス

écrire → ◆単数語幹 écri-

　　　　　◆複数語幹 écriv-

母音で始まるので、je はエリジョン
し、複数人称の代名詞の語末の s がリ
エゾンします。

écrire「書く」の活用
j'écris じェクリ
tu écris テュエクリ
il écrit イれクリ
nous écrivons ヌゼクリヴォン
vous écrivez ヴゼクリヴェ
ils écrivent イるゼクリーヴ

lire → ◆単数語幹 li-

　　　◆複数語幹 lis-

この課のキーセンテンスに出てきたsavoir
「知っている」もこのパターンですが、不定詞と
同じなのは複数語幹で、単数語幹は違うものに
なる点が特徴的です。

lire「読む」の活用
je lis リ
tu lis リ
il lit リ
nous lisons リゾン
vous lisez リゼ
ils lisent リーズ

savoir → ◆単数語幹 sai-

　　　　　◆複数語幹 sav-

savoir「知っている」の活用
je sais セ
tu sais セ
il sait セ
nous savons サヴォン
vous savez サヴェ
ils savent サーヴ

　これより複雑なパターンのものもあります。複数人称の語幹が３人称だけ違
うものです。したがって、このパターンでは語幹は３種類ということになりま
す。この場合、不定詞と同じ語幹がどれになるかは動詞によって違います。
devoir「〜しなければならない」は複数１・２人称語幹が、prendre「〜を取
る」は単数語幹がそれぞれ不定詞と同じになります。

devoir → ◆単数語幹 doi-

◆複数1・2人称語幹 dev-

◆複数3人称語幹 doiv-

devoir「〜しなければならない」の活用
je dois ドゥワ
tu dois ドゥワ
il doit ドゥワ
nous devons ドゥヴォン
vous devez ドゥヴェ
ils doivent ドゥワーヴ

prendre → ◆単数語幹 prend-

◆複数1・2人称語幹 pren-

◆複数3人称語幹 prenn-

不定詞の鼻母音は複数語幹では現れません。3人称単数では、entendre「聞こえる」と同じように語尾の t が落ちます。
あんたんドゥル

prendre「〜を取る」の活用
je prends プラん
tu prends プラん
il prend プラん
nous prenons プルノン
vous prenez プルネ
ils prennent プレンヌ

【例文】

Je connais bien Jean-Michel.「私はジャン・ミシェルをよく知っている。」
じゅ　コネ　ビヤン　じゃんミシェる

Tu dois beaucoup étudier.「君はたくさん勉強しなきゃいけないよ。」
チュ　ドゥワ　ボク　エチュディエ

La fille écrit une longue lettre.「その女の子は長い手紙（lettre）を書く。」
ら　フィーユ　エクリ　ゆヌ　ロング　れットゥル

★ S スペイン語

スペイン語の不規則動詞は、ほかの2言語に比べると覚えるのが楽です。ほとんどは不定詞が -er と -ir で終わる動詞で、語尾は規則的です。復習のために以下にあげておきます。

	-er動詞	-ir動詞
yo	-o	
tú	-es	
él	-e	
nosotros	-emos	-imos
vosotros	-éis	-ís
ellos	-en	

　非常に多いパターンが1人称単数のみ不規則なものです。その中でも、語幹の最後に g がつくものがあります。例として salir「出る、出発する」、 hacer「する」、 caer「落ちる」、 oír「聞こえる」をあげます。

salir「出る、出発する」の活用

yo	salgo
tú	sales
él	sale
nosotros	salimos
vosotros	salís
ellos	salen

hacer では、子音の連続を避けて発音しやすくするために g の前で c が落ちます。

hacer「する」の活用

yo	hago
tú	haces
él	hace
nosotros	hacemos
vosotros	hacéis
ellos	hacen

caer では、g の前に母音 i が挿入されます。

caer「落ちる」の活用

yo	**caigo** カイゴ
tú	**caes** カエス
él	**cae** カエ
nosotros	**caemos** カエモス
vosotros	**caéis** カエイス
ellos	**caen** カエン

oír も同じように母音 i が加わりますが、yo 以外の形も注意が必要です。i にアクセントが置かれる場合はアクセント記号をつけ、アクセントが置かれない場合は母音の連続を避け、発音をなめらかにするために i を y に代えます。

oír「聞こえる」の活用

yo	**oigo** オイゴ
tú	**oyes** オジェス
él	**oye** オジェ
nosotros	**oímos** オイモス
vosotros	**oís** オイス
ellos	**oyen** オジェン

不定詞が -cer となっている動詞は、1人称単数の語幹が -zc- で終わるものが多くあります。conocer「知っている」を例に見てみましょう。
コノセル

conocer「知っている」の活用

yo	**conozco** コノすコ
tú	**conoces** コノセス
él	**conoce** コノセ
nosotros	**conocemos** コノセモス
vosotros	**conocéis** コノセイス
ellos	**conocen** コノセン

この課のキーセンテンスに出てきた saber「〜
を知っている」は1人称単数が特殊な形になり
ます。

saber「〜を知っている」の活用

yo	**sé** セ
tú	sa**bes** サベス
él	sabe サベ
nosotros	sa**bemos** サベモス
vosotros	sa**béis** サベイス
ellos	sa**ben** サベン

　不定詞が短い形のものにもこのパターンがあります。dar「与える」は、ser
と同じように1人称単数の語尾に y がつきます。そのほかは規則的な -ar 動詞の
活用ですが、2人称複数形にはアクセント記号がつきません。1音節の語なので
必要ないのです。

dar「与える」の活用

yo	**doy** ドイ
tú	das ダス
él	da ダ
nosotros	damos ダモス
vosotros	dais ダイス
ellos	dan ダン

ver「見る、見える」は1人称単数だけ語幹が
ve- になります。やはり2人称複数形にはアク
セント記号がつきません。

ver「見る、見える」の活用

yo	**veo** ベオ
tú	ves ベス
él	ve ベ
nosotros	vemos ベモス
vosotros	veis ベイス
ellos	ven ベン

【例文】

Conozco bien a Juan.「私はフアンをよく知っている。」
コノすコ　　　　ビエン　ア　ふアン

※スペイン語では直接目的語に特定の人を指す名詞がくる場合、前置詞の a を
　つけます。英語はもちろん、フランス語やイタリア語にもない規則で忘れがち
　なので注意しましょう。

Hacemos café todas las mañanas.
アせモス　　カフェ　トダス　らス　マニャナス

　　　　　　「私たちは毎朝（todas las mañanas）コーヒーをいれます。」

★ Ⅰ イタリア語

　イタリア語にも不規則動詞が多くありますが、今回は -ere と -are で終わる
代表的な不規則動詞を学びます。語尾は規則動詞と共通する場合が多いので、復
習しておきましょう。

	-ere動詞	-are動詞
io	-o	
tu	-i	
lui	-e	-a
noi	-iamo	
voi	-ete	-ate
loro	-ono	-ano

例文に出てきた sapere「〜を知っている」は、単数人
称と３人称複数で形が短い s- が語幹だと覚えればいい
でしょう。ただし２人称単数だけは語幹に不定詞にある
母音が入って sa- となります。この動詞で気をつけなけ
ればならないのは、不定詞が -ere で終わるのに３人称の
語尾に a という母音が現れるところです。３人称複数で
は、語尾の n が重なって -anno となります。語幹が子音
だけの短いときにこのような語尾になります。１・２人
称複数の語幹は不定詞と同じですが、１人称複数では

sapere「〜を知っている」の活用

io	**so** ソ
tu	**sai** サーイ
lui	**sa** サ
noi	**sappiamo** サッピヤーモ
voi	**sapete** サペーテ
loro	**sanno** サンノ

語幹の p が重なって sapp- となる点が特徴的です。

dovere「〜しなければならない」は、単数人称と３人称複数で語幹の母音が変わり dev- となります。１人称複数の語幹は、最後の子音が b に変わって重なり dobb- となります。avere でも同じようなことが起きますね（abbiamo）。

dovere「〜しなければならない」の活用	
io	**devo** デーヴォ
tu	**devi** デーヴィ
lui	**deve** デーヴェ
noi	**dobbiamo** ドッビャーモ
voi	**dovete** ドヴェーテ
loro	**devono** デーヴォノ

　不定詞が -are で終わる不規則動詞は少ないのですが、よく使われるものを２つ見ておきます。

dare「与える」は語幹が d- だと覚えれば比較的楽だと思います。例外は２人称単数で、不定詞にある母音が入って da- となります。３人称複数の語尾 n が重なるのは sapere で説明したのと同じ理由です。３人称単数でアクセント記号がつきますが、これは同じ音の前置詞とつづりのうえで区別するためです。

dare「与える」の活用	
io	**do** ド
tu	**dai** ダーイ
lui	**dà** ダ
noi	**diamo** ディヤーモ
voi	**date** ダーテ
loro	**danno** ダンノ

fare「する、作る」は、１人称で facci-、２人称単数で fa-、それ以外で f- が語幹だと覚えるのがいいでしょう。１人称複数では i という母音が重ならないように１つ落とします。３人称複数ではやはり n が重なります。

fare「する、作る」の活用	
io	**faccio** ファッチョ
tu	**fai** ファーイ
lui	**fa** ファ
noi	**facciamo** ファッチャーモ
voi	**fate** ファーテ
loro	**fanno** ファンノ

　以上見てきてお気づきの方もいらっしゃると思いますが、不規則動詞といえども２人称複数の voi の形は規則通りに活用していますね。voi は私たち初心者の味方なのです。

【例文】

Devi studiare molto. 「君はたくさん勉強しなきゃいけないよ。」
デーヴィ ストゥディヤーレ モるト

Facciamo il caffè tutte le mattine.
ファッチャーモ イる カッフェ トゥッテ れ マッティーネ

「私たちは毎朝（tutte le mattine）コーヒーをいれます。」

--- ことわざ⑧  ────────────── ♪56

「鳥は鳴き声によってわかる」

🇫 Au chant on connaît l'oiseau.
オ しゃん オン コネ るワゾ

🇪 Por el canto se conoce el pájaro.
ポれる カント セ コノせ エる パハロ

🇮 Dal canto si conosce l'uccello.
ダる カント スィ コノッシェ るッチェぅろ

　3言語で同じ意味を表す文となっていて、「語る言葉によってどういう人か判断することができる」ということを意味しています。au chant, por el canto, dal canto は前置詞句で、「鳴き声によって」という表現です。次にくるフランス語の on は一般の人を指す代名詞で、スペイン語の se とイタリア語の si は受け身の意味を表す語です。「知っている」という意味を表す動詞の不定詞はそれぞれ connaître, conocer, conoscere で、前の2つはこの課で学んだ不規則
コネトゥル コノせル コノッシェレ
動詞です。最後に定冠詞のついた名詞「鳥」がきています。人の語る言葉の大切さを伝えています。

ネコたちのおしゃべり⑤

L麻呂 : 名詞の格変化は捨ててしまったお前たちも、動詞の活用はしっかり守っているようじゃな。主語が誰なのかがすぐわかってとってもいい習慣だから、これからも続けてほしいのぉ。

S樹 : ただおじいちゃんの活用は複雑すぎるから、新しい時代に合わせてすっきりさせてるよ。特に僕はやっかいな不規則活用はできるだけ整理して、話すときに面倒があまりないように工夫してるんだ。

I美 : 私もある程度整理はしたけど、おじいちゃんのやり方はいろんなバリエーションがあってとっても楽しいと思ってるから、3人の中ではおじいちゃんの活用をいちばん残してるって言えると思うわ。主語を省略しても、動詞だけで主語が誰かわかるところも気に入ってるの。

F奈 : 私はつづりでは活用をしっかり残してるけど、発音はスリムにしてるから語尾は発音しない場合が多いわ。

S樹 : それじゃ主語が誰だかわかりにくくなって、せっかくの活用の意味が薄れちゃうんじゃないかな。

F奈 : だから主語がきちんとわかるように必ず主語を言うようにしてるの。そうすればどんな動詞でも主語がすぐにわかるわ。

I美 : 英語と同じ感じね。私はおじいちゃんの良さを残しながら発音の美しさも追求するから、ちゃんと動詞の活用だけで主語がわかるようにしてるの。

L麻呂 : それぞれのスタイルに合わせてわしの財産を守ってくれているんじゃな。孫が自分に似ているというのはうれしいもんじゃ。

「ヨーロッパではサッカーが
とても人気があるということだ。」

♪57

F **On dit que le foot est très**
オン　ディ　ク　る　フットゥ　エ　トゥれ
populaire en Europe.
ポピュれール　　　あんぬロップ

S **Dicen que el fútbol es muy**
ディせン　ケ　エる　フトゥポる　エス　ムイ
popular en Europa.
ポプらル　　　エネウロパ

I **Dicono che il calcio è**
ディーコノ　ケ　イる　カるチョ　エ
molto popolare in Europa.
モるト　　　ポポらーレ　　　イネウローパ

英語の They say that 〜にあたる「〜と言われている、〜ということだ」を
表す表現に、「ヨーロッパではサッカーがとても人気がある」という意味の文が
続いています。一般的な評判や噂について語るときに便利な表現です。英語と
違って、従属接続詞の que, che は省略できないので注意しましょう。

on ▶ 一般の人を指す代名詞　dit ▶ 言う（dire の 3 人称単数）
foot ▶ サッカー（男性名詞）　populaire ▶ 人気のある
Europe ▶ ヨーロッパ（女性名詞）

主語の on は意味的には複数ですが、動詞の形は 3 人称単数形になります。例文の形で覚えて慣れるようにしましょう。

dicen ▶ 言う（decir の 3 人称複数）
fútbol ▶ サッカー（男性名詞）　popular ▶ 人気のある
Europa ▶ ヨーロッパ（女性名詞）

3 人称複数形の動詞を主語なしで使うと、一般の人の行う行為を表します。英語の they と同じ用法です。

dicono ▶ 言う（dire の 3 人称複数）
calcio ▶ サッカー（男性名詞）　popolare ▶ 人気のある
Europa ▶ ヨーロッパ（女性名詞）

スペイン語と同じように、主語なしで 3 人称複数形の動詞が使われています。

「（国・大陸）〜で」と場所を言うときには前置詞を使い、スペイン語では en、イタリア語では in をどちらも冠詞なしで使います。フランス語では、en を使う場合と別の前置詞を使う場合があるので注意が必要です。女性名詞と母音で始まる男性名詞には、冠詞なしで en を使います。

不 規 則 動 詞 ②

　今まで学んだ不規則動詞よりもさらに活用が複雑なものがあります。やっかい
ですが、よく使う動詞ばかりなのでがんばりましょう。これらの動詞を使えるよ
うになれば、表現の幅がぐっと広がります。

★ 🇫 フランス語

　まずは不規則動詞①と同じように、語尾が規則的で語幹が人称によって変わる
動詞からです。
　comprendre「理解する」はすでに学んだ prendre に接頭辞と呼ばれる要素
　　コンプラ ん ドゥル　　　　　　　　　　　　　　プラ ん ドゥル
をつけた動詞です。このような動詞は接頭辞を取った動詞の活用に接頭辞を加え
るだけで活用ができあがりです。簡単ですね。

je comprends	tu comprends	il comprend	nous comprenons	vous comprenez	ils comprennent
コンプラん	コンプラん	コンプラん	コンプルノん	コンプルネ	コンプレンヌ

　pouvoir「〜できる」、 vouloir「〜が欲しい、〜したい」は devoir と同じよ
　プヴワール　　　　　　　　　ヴるワール　　　　　　　　　　　　ドゥヴワール
うに、単数、複数１・２人称、複数３人称と３種類の語幹があり、複数１・２
人称の語幹が不定詞と同じになります。それ以外の人称の語幹はどちらも eu と
いう母音が出てきます。また単数１・２人称では語尾のつづりが -s から -x に変
わります。これは、u に続く s を x とつづった昔の習慣の名残です。なお、
pouvoir は状況的に可能ということを表します。能力として「できる」という
意味では、すでに学んだ savoir を使います。
　　　　　　　　　　　　サヴワール

pouvoir → 単数語幹 **peu-**　複数１・２人称語幹 **pouv-**　複数３人称語幹 **peuv-**					
je peux	tu peux	il peut	nous pouvons	vous pouvez	ils peuvent
ぷ	ぷ	ぷ	プヴォん	プヴェ	ぷーヴ
vouloir → 単数語幹 **veu-**　複数１・２人称語幹 **voul-**　複数３人称語幹 **veul-**					
je veux	tu veux	il veut	nous voulons	vous voulez	ils veulent
ヴぅ	ヴぅ	ヴぅ	ヴろん	ヴれ	ヴるる

boire「飲む」、 venir「来る」も語幹は３種類です。boire は単数語幹が、
ブワール　　　ヴニール
venir は複数１・２人称語幹がそれぞれ不定詞と同じになります。venir の単数

人称語幹の母音は鼻母音ですので注意しましょう。

boire → 単数語幹 boi- 複数1・2人称語幹 **buv-** 複数3人称語幹 **boiv-**					
je bois ブワ	tu bois ブワ	il boit ブワ	nous **buvons** ビュヴォン	vous **buvez** ビュヴェ	ils boi**vent** ブワーヴ
venir → 単数語幹 vien- 複数1・2人称語幹 **ven-** 複数3人称語幹 **vienn-**					
je v**iens** ヴィヤン	tu v**iens** ヴィヤン	il v**ient** ヴィヤン	nous v**enons** ヴノン	vous v**enez** ヴネ	ils v**iennent** ヴィエンヌ

　例文に出てきた dire「言う」と faire「する、作る」は 2 人称複数の語尾が -ez ではなく -tes となるのが特徴です。être が vous êtes となるのと同じですね。dire は語幹が 2 種類だけなので難しくありません。faire は 3 人称複数がかなり変わった形で、語尾が -ont となります。この語尾は être の ils sont、avoir の ils ont という形に出てきました。また、1 人称複数語幹の fai- は例外的に「フェ」ではなく「フ」と発音する点にも注意してください。

dire → 単数及び複数2人称語幹 di- 複数1・3人称語幹 **dis-**					
je dis ディ	tu dis ディ	il dit ディ	nous di**sons** ディゾン	vous di**tes** ディトゥ	ils di**sent** ディーズ
faire → 単数及び複数2人称語幹 fai- 複数1人称語幹 **fais-** 複数3人称語幹 **f-**					
je fais フェ	tu fais フェ	il fait フェ	nous fai**sons** フゾン	vous fai**tes** フェットゥ	ils **font** フォン

　最後に大切な動詞 aller「行く」を学びましょう。この動詞は複数 1・2 人称とそれ以外で語幹がまったく違います。複数 1・2 人称は不定詞と同じなのですが、それ以外は似ても似つかぬ語幹になります。また、語尾も 3 人称複数が -ont となるほか、3 人称単数が -t という形にならず完全に不規則です。お経のように唱えて活用を覚えるようにしてください。

aller → 単数1人称語幹 vai- 単数2・3人称語幹 **va-** 複数1・2人称語幹 **all-** 複数3人称語幹 **v-**					
je **vais** ヴェ	tu **vas** ヴァ	il **va** ヴァ	nous **allons** ヌザロン	vous **allez** ヴザれ	ils **vont** ヴォン

【例文】

Je ne comprends pas bien.「私はよくわからない。」
じゅ　ヌ　　コンプラん　　　　パ　ビヤン

Tu peux venir demain ?「明日来れる？」
チュ　ぷ　　ヴニール　ドゥマン

Nous voulons aller en France.「私たちはフランスに行きたい。」
ヌ　　ヴロン　　あれ　あん　フランス

Les invités viennent en bus.「お客さんたちはバスで来る。」
れザンヴィテ　　　　　ヴィエンヌ　　あん　ビュス

★ Ⓢ スペイン語

　ここでは、今まで学んだものより少し複雑な活用の動詞を３つ勉強します。例文に出てきた decir「言う」と venir「来る」は、すでに学んだ１人称単数の
デすィル　　　　　　　　　　ベニル
み語幹の最後に g がつくパターンです。decir は単数人称と３人称複数で語幹の母音が変化し、dic- となります。ただし、hacer と同じように１人称単数で
　　　　　　　　　　　　　　　　　　アせル
g の前で c が落ちます。

yo **digo** ディゴ	tú **dices** ディセス	él **dice** ディせ	nosotros **decimos** デすィモス	vosotros **decís** デすィス	ellos **dicen** ディせン

　venir は２・３人称単数と３人称複数で語幹の母音が変化し vien- となります。

yo **vengo** ベンゴ	tú **vienes** ビエネス	él **viene** ビエネ	nosotros **venimos** ベニモス	vosotros **venís** ベニス	ellos **vienen** ビエネン

　ir「行く」は、語幹が不定詞とまったく違う v- という形になります。ただし、
イル
すべての人称で同じ語幹ですから慣れれば簡単です。また、不定詞が ir なのにもかかわらず、活用語尾は ar 動詞と同じです。dar「与える」と同じように、
　　　　　　　　　　　　　　　　　　　　　　　　　　　　　　　ダル
１人称単数が y で終わり、２人称複数でアクセント記号がつきません。

yo **voy** ボイ	tú **vas** バス	él **va** バ	nosotros **vamos** バモス	vosotros **vais** バイス	ellos **van** バン

【例文】

Los invitados vienen en autobús.「お客さんたちはバスで来る。」
ロスィンビ**タ**ドス　　　　ビ**エ**ネン　　エナウト**ブ**ス

★ **Ⅰ** イタリア語

　イタリア語には人称によって語幹がいろいろと変わる動詞が多いのですが、1つずつ覚えていきましょう。なお、前回お話ししたように2人称複数はすべて規則的です。

　例文に出てきた dire「言う」は、2人称複数以外で dic- という語幹になります。発音に注意が必要で、-o に続く場合は「コ」、それ以外は「チ」となります。
ディーレ

io di**c**o ディーコ	tu di**ci** ディーチ	lui di**ce** ディーチェ	noi di**ci**amo ディチャーモ	voi di**te** ディーテ	loro di**c**ono ディーコノ

　venire「来る」は、1人称単数・3人称複数で -o の前に g が入り、2・3人称単数で語幹母音が変わり vien- となります。それ以外は規則的です。
ヴェニーレ

io ven**g**o ヴェンゴ	tu v**ie**ni ヴィエーニ	lui v**ie**ne ヴィエーネ	noi veniamo ヴェニヤーモ	voi venite ヴェニーテ	loro ven**g**ono ヴェンゴノ

　potere「〜できる」は1人称単数と1・3人称複数の語幹が poss-、2・3人称単数の語幹が puo- となりますが、3人称単数には語尾がなく語幹の最後の母音にアクセント記号がつきます。フランス語の pouvoir と同じように、potere は状況的に可能ということを表します。能力として「できる」という意味では、すでに学んだ sapere を使います。
ポテーレ　　　　　　　　　　　　　　　　　　　プヴワール　　　　　　　　　　　　　　　サペーレ

io po**ss**o ポッソ	tu p**uo**i プオーイ	lui p**uò** プオ	noi po**ss**iamo ポッスィヤーモ	voi potete ポテーテ	loro po**ss**ono ポッソノ

volere 「〜が欲しい、〜したい」は1人称単数と1・3人称複数の語幹が vogli-、2人称単数の語幹が vuo-、3人称単数の語幹が vuol- となり複雑です。1人称複数では i が重ならないように1つ落とします。

io voglio ヴォぃりょ	tu vuoi ヴオーイ	lui vuole ヴオーれ	noi vogliamo ヴォぃりゃーモ	voi volete ヴォれーテ	loro vogliono ヴォぃりょノ

最後に極めつきの不規則動詞 andare「行く」を覚えましょう。他の2言語でもそうでしたが、この動詞がやっかいなのは不規則な人称の語幹が不定詞と全然違うということです。1人称単数の語幹が vad-、2・3人称単数と3人称複数の語幹が va- です。3人称複数は dare「与える」などと同じように語尾の n を重ねます。1・2人称複数は幸いまったく規則的です。

io vado ヴァード	tu vai ヴァーイ	lui va ヴァ	noi andiamo アンディヤーモ	voi andate アンダーテ	loro vanno ヴァンノ

【例文】

Puoi venire domani? 「明日来れる？」
プオーイ　ヴェニーレ　ドマーニ

Vogliamo andare in Italia. 「私たちはイタリアに行きたい。」
ヴォぃりゃーモ　アンダーレ　イニターリヤ

Gli ospiti vengono in autobus. 「お客さんたちはバスで来る。」
リオスピティ　ヴェンゴノ　イナウトブス

— ことわざ⑨  ♪58

「亀の甲より年の功」

🇫 Avec l'âge on devient sage.
アヴェック　　らーじゅ　　オン　　ドゥヴィヤン　　サージゅ

🇸 Tras los años viene el seso.
トゥラス　　ろ**サ**ニョス　　ビ**エ**ネ　　エる　　**セ**ソ

🇮 Gli anni dan senno.
り**アン**ニ　　　ダン　　　**セ**ンノ

　３言語で表現は少しずつ違っていますが、いずれも「年をとればとるほど賢くなる」ということを意味しています。いずれもここまで習った不規則動詞が活躍しています。

　フランス語では devenir が使われていて、「年とともに人は賢くなる」という意味です。スペイン語で使われているのは venir で、「年月を経た後に知力がついてくる」となります。イタリア語で登場するのは dare で、「年月が知恵を与えてくれる」という表現になっています。dan は danno の語尾が落ちた特別な形です。同じ意味を表す名詞でも、主語になっているスペイン語では定冠詞がついているのに対し、目的語になっているイタリア語では無冠詞になっています。「年長者ならではの賢明な判断に従え」ということを伝えています。

113

ネコたちのおしゃべり⑥

L麻呂：「行く」という意味の動詞は、お前たちはやたらと面倒な活用にしてる
な。どうしてそんなことになってしまったんじゃ。わしのも不規則だが、
お前たちほどめちゃくちゃじゃないぞ。

S樹：おじいちゃんには「行く」という意味の動詞がいくつもあって使い分け
がめんどくさいから、僕らはそれをつぎはぎするようにしてまとめたん
だよ。本当はおじいちゃんの動詞のうちどれか1つだけを使っていれば
わかりやすかったんだけど、なかなかそうもいかなくてこうなっちゃっ
たんだ。でも僕は、現在形では形が一貫するようにはしたんだ。不定詞
とは全然違う形だけどね。

I美：私は現在形の中でも形が不統一になっちゃった。よく使う動詞はこうい
うこともあるのよ。でも1・2人称の複数は不定詞から規則的に作れる
から、そこまでひどくはないかもね。

F奈：私も同じね。英語でも go の過去形が went なんておかしいでしょ。「行
く」っていう動詞はみんなある程度変になっちゃうのよね。

S樹：僕たちの不規則動詞は確かに大変なものもあるけど、だいたいおじいち
ゃんのよりは易しくなってるよね。

F奈：私は主語をきちんと言うようにしてるから、動詞の形自体は短くて、リ
ズムに乗ったらけっこう楽に覚えられると思うわ。

I美：私はおじいちゃんが大好きだから、おじいちゃんの特徴も残しながら私
らしさを出すようにしてるの。私の動詞もリズムで覚えてほしいわね。

L麻呂：お前たちはわしが持っていないような新しい動詞もたくさん持っている
から、古いものはある程度整理しなきゃごちゃごちゃになってしまうん
じゃな。それも一つの知恵じゃわい。

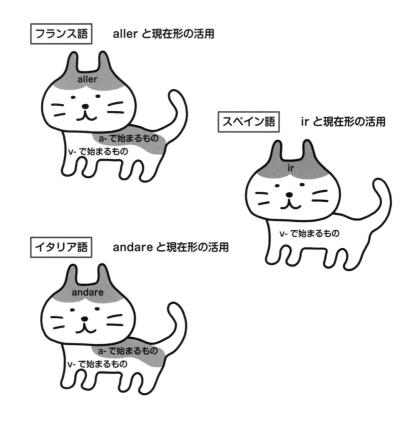

フランス語 aller と現在形の活用

aller

a- で始まるもの

v- で始まるもの

スペイン語 ir と現在形の活用

ir

v- で始まるもの

イタリア語 andare と現在形の活用

andare

a- で始まるもの

v- で始まるもの

「私 は 毎 週 日 曜 日 に 映 画 を 見 に 行 く。」

♪59

F

Je vais au cinéma tous les dimanches.

ジュ ヴェ オ スィネマ トゥ れ

ディまんシュ

S

Voy al cine todos los domingos.

ボイ アる すぃネ トドス ろス

ドミンゴス

I

Vado al cinema tutte le domeniche.

ヴァード アる チーネマ トゥッテ れ

ドメーニケ

英語の I go にあたる「私は行く」を表す表現に、「映画館に」という場所を指す表現が続いています。場所の表現にはこの課のポイントとなる前置詞が使われています。前置詞はヨーロッパの言語では大変重要な働きをする語です。名詞と前置詞の結びつきはとても緊密で、決まった言い方が多いので、前置詞句全体で覚えるようにしましょう。

vais ▶ 行く（allerの1人称単数）

au ▶ ～へ（前置詞àと定冠詞leの融合形）

cinéma ▶ 映画館（男性名詞）　tous ▶ すべての（男性複数形）

dimanches ▶ 日曜日（男性名詞複数形）

3言語とも曜日を表す時間表現には前置詞をつけません。

voy ▶ 行く（irの1人称単数）

al ▶ ～へ（前置詞aと定冠詞elの融合形）

cine ▶ 映画館（男性名詞）　todos ▶ すべての（男性複数形）

domingos ▶ 日曜日（男性名詞複数形）

主語の「私」は省略されています。

vado ▶ 行く（andareの1人称単数）

al ▶ ～へ（前置詞aと定冠詞ilの融合形）

cinema ▶ 映画館（男性名詞）　tutte ▶ すべての（女性複数形）

domeniche ▶ 日曜日（女性名詞domenicaの複数形）

イタリア語だけ「日曜日」を表す語は女性名詞です。

どの文にも前置詞と定冠詞が融合した形が出てきています。発音するときはそれほど強くは読みません。直訳すれば「映画館に行く」となりますが、映画館は映画を見る場所ですから、実際には「映画を見に行く」という意味になります。英語と同じように、「毎週」のように長い期間を表す時間表現と動詞の現在形を一緒に使うと、習慣的な行為を表します。

前 置 詞 と 定 冠 詞 の 融 合 形

　前置詞は３言語でひんぱんに使われますが、定冠詞が続くときには、融合して１つの形になることがあります。

定冠詞と融合する前置詞

★ F フランス語

　定冠詞と融合する前置詞は à と de です。いずれも男性単数形定冠詞 le と複数形定冠詞 les と結びついて、発音がなめらかになるようにします。女性単数形定冠詞 la と母音で始まる語につく定冠詞 l' は、前置詞と融合することはありません。

◆ **à + le → au**　　**à + les → aux**

Le président de la République arrive aux États-Unis.
る　　　プレズィだん　　ドゥ　ら　　レピュブリック　　　アリーヴ　　　オゼタズュニ

　　　　　　　　　　　　「大統領がアメリカ合衆国（les États-Unis）に到着する。」

◆ **de + le → du**　　**de + les → des**

la lumière du soleil　「太陽（soleil）の光」
ら　　りゅミエール　デュ　ソれイュ

des feuilles des arbres　「木々（arbres）の葉」
デ　　　フゥイユ　　デザルブル

★ S スペイン語

　フランス語と同じように、定冠詞と融合する前置詞は a と de です。ただし、結びつく定冠詞は男性単数形定冠詞 el だけです。それ以外の定冠詞が前置詞と融合することはありません。

◆ **a + el → al**　　**de + el → del**

la luz del sol　「太陽（sol）の光」
ら　るす　デる　ソる

★ I イタリア語

　イタリア語では、多くの前置詞が定冠詞と融合します。すべての形の定冠詞が融合形を作ります。a と in は「〜で、〜に」という場所を、da は「〜から、〜

のところで」という起点や場所を、di は「〜の」という所属や所有を、su は「〜の上に」という場所をそれぞれ表すのがいちばん基本的な意味です。

	il	lo	la	l'	i	gli	le
a	al	allo	alla	all'	ai	agli	alle
da	dal	dallo	dalla	dall'	dai	dagli	dalle
di	del	dello	della	dell'	dei	degli	delle
in	nel	nello	nella	nell'	nei	negli	nelle
su	sul	sullo	sulla	sull'	sui	sugli	sulle

Il presidente della Repubblica arriva negli Stati Uniti.
いる　プレズィ**デ**ンテ　で**ぅ**ら　ルレ**プ**ッブリカ　アル**リ**ーヴァ　ネぃり　ス**タ**ーティ　ウ**ニ**ーティ

「大統領がアメリカ合衆国（gli Stati Uniti）に到着する。」

la luce del sole　「太陽（sole）の光」
ら　る**ー**チェ　でる　**ソ**ーれ

foglie degli alberi　「木々（alberi）の葉」
フォぃりぇ　でぃり**ア**ーるべリ

Devi andare dal medico.「君は医者に行かなきゃいけないよ。」
デーヴィ　アン**ダ**ーレ　だる　**メ**ーディコ

部分冠詞

　フランス語とイタリア語にある独特の冠詞で、不定の数えられない名詞について漠然とした量を表します。フランス語では「前置詞 de ＋ 定冠詞」、イタリア語では「前置詞 di ＋ 定冠詞」が使われます。イタリア語では省かれることがありますが、フランス語では必ずつけなければなりません。両言語で部分冠詞がよく使われるのは、物質名詞が現れるときです。

「私たちはお米を食べる。」

F **Nous mangeons du riz.**
　　ヌ　　　まんじょん　　デュ　リ

I **Mangiamo del riso.**
　マン**ジャ**ーモ　　でる　ル**リ**ーゾ

「水を飲む？」

F Tu bois <u>de l'eau</u> ?
チュ　ブワ　　ドゥろ

I Bevi <u>dell'acqua</u>?
ベーヴィ　　デゥ**ら**ックワ

　抽象名詞については、フランス語で部分冠詞が使われます。

「ポール（パオロ）は運がよい。」

F Paul a <u>de la</u> chance.
ぽる　ア　ドゥ　ら　　しゃンス

　イタリア語では、抽象名詞にはあまり部分冠詞は使われず、無冠詞が多いです。

I Paolo ha <u>fortuna</u>.
パーオろ　ア　　フォル**トゥ**ーナ

　スペイン語には部分冠詞がないので、物質名詞も抽象名詞も無冠詞となります。

S Comemos <u>arroz</u>.　¿Bebes <u>agua</u>?　Pablo tiene <u>suerte</u>.
コ**メ**モス　アル**ろ**す　　ベベス　**ア**グワ　　パブろ　ティ**エ**ネ　ス**エ**ルテ

　フランス語だけ部分冠詞が使われる文はほかにもあります。すでに学んだように、以下の文ではイタリア語では定冠詞（p.104）、スペイン語では無冠詞（p.102）となります。

F Nous faisons <u>du</u> café tous les matins.
ヌ　　フゾン　デゥ　キャフェ　<u>トゥ</u>　れ　　マタン

　　　　　　　　「私たちは毎朝（tous les matins）コーヒーをいれます。」

— ことわざ⑩

♪60

「命あっての物種(ものだね)」

F **Tant qu'il y a de la vie, il y a de l'espoir.**
たん　　　キリヤ　　　ドゥ　ら　ヴィ　イリヤ　ドゥ　れスプワール

S **Mientras hay vida, hay esperanza.**
ミ**エ**ントゥラス　**ア**イ　**ビ**ダ　**ア**イ　エスペ**ラ**ンさ

I **Finché c'è vita, c'è speranza.**
フィン**ケ**　チェ　**ヴィ**ータ　チェ　スペ**ラ**ンツァ

　３言語で同じ意味を表す文となっていて、「命がある限り、希望がある」ということを表しています。「命」と「希望」は数えられない抽象名詞として扱われているので、フランス語ではこの課で習った部分冠詞がついています。イタリア語にも部分冠詞はありますが、ここでは無冠詞となっています。命も希望も、分量ではなく、その有無そのものを問題にしているからですね。部分冠詞がないスペイン語でも当然無冠詞です。

　もうみなさんも慣れている、存在を表す表現が使われていますね。tant que, mientras, finché は「〜限り」という意味の接続詞（句）です。「命」の大切さを説く言葉で、じっくり噛みしめたい表現ですね。

ネコたちのおしゃべり⑦

L 麻呂：冠詞が便利だっていう話は前に聞いたが、F 奈と I 美は部分冠詞なんて
のも持ってるな。これはやり過ぎじゃないかな。

F 奈　：そんなことないわよ。数えられない名詞に「ある程度の量」っていうニ
ュアンスを軽くつけ加えられるし、音のリズムも出てくるわ。私って単
語をスリムにしちゃったでしょ。中には riz（リ）とか eau（オ）とか、
すごい短いのもあるの。これだけだと聞き取りにくいけど、部分冠詞を
つけて du riz, de l'eau ってすると、文の中で発音もしやすいし相手に
わかってもらいやすいわ。

I 美　：私の場合は単語はそんなに短くないからつけなくてもわかってもらえる
けど、微妙なニュアンスを加えたり、あとやっぱり音のリズムが整った
りするわね。私たちって音にはずいぶん気を配ってるじゃない。

S 樹　：僕はそこまでする必要はないと思うから使ってないけどな。まあでも使
いたくなる気持ちもわからなくはないな。

L 麻呂：I 美が部分冠詞複数形と言ってるのは F 奈の不定冠詞複数形のことか
な。なんで呼び方が違うんじゃ。

F 奈　：どっちもおんなじだから気にしなくていいわよ。私は数えられる名詞に
つけるのを不定冠詞って統一して呼ぶことにしてるの。

I 美　：私のほうは語の成り立ちから部分冠詞って呼んでるわ。前置詞の di に
定冠詞をつけたものでしょ。F 奈の部分冠詞や不定冠詞複数形も同じよ
うにできてるわね。ほら、おじいちゃんの前置詞 de も部分を表すこと
があるじゃない。F 奈も私もあれを使って冠詞にしたの。

L 麻呂：おお、そうか。わしは前置詞なんてものはお前たちほど使わないがのぅ。

S樹　：おじいちゃんは名詞を格変化させるから、そんなに必要ないのさ。僕たちは格変化をなくしちゃったから、その代わりに名詞の働きをしっかり表すために前置詞をフル活用してるよ。前置詞と冠詞がくっつく形があるのも、よく使うからこそなんだ。前置詞だっておじいちゃんの財産だぜ。

L麻呂：うむ、新しいものをあれこれ作らずに、あるものを上手に活用する。見事なやり方じゃ。賢い孫たちを持って鼻が高いのぉ。

♪61

フランス語

F

Le prochain train pour
る　　　プロシャン　　　　トゥラン　　　ブル

Munich part à neuf heures.
ミュニック　　パール　ア　　ぬヴゥール

スペイン語

S

El próximo tren para
エる　　プロクスィモ　　トゥレン　　パラ

Munich sale a las nueve.
ムニク　　　サれ　ア　らス　ヌエベ

イタリア語

I

Il prossimo treno per
イる　　プロッスィモ　　トゥレーノ　ペル

Monaco parte alle nove.
モーナコ　　　パルテ　　アぅれ　ノーヴェ

「〜行きの次の電車」という表現は、英語の the next train for という表現
と同じように、名詞句で短く表現できます。日本語の「ミュンヘン」はドイツ語
の発音に倣っていますが、フランス語とスペイン語は英語の Munich とつづり
が同じで発音もかなり似ているのに対して、イタリア語ではずいぶん違っていま
す。都市の読み方も言語によっていろいろです。

prochain ▶ 次の　　train ▶ 列車 (男性名詞)
pour ▶ 〜行きの　　Munich ▶ ミュンヘン
heures ▶ 〜時 (女性名詞複数形)

「〜時に」と言うときの前置詞は à を使います。「1時に」は単数形
で à une heure となるので、注意しましょう。

próximo ▶ 次の　　tren ▶ 列車 (男性名詞)
para ▶ 〜行きの　　Munich ▶ ミュンヘン

「〜時に」を表す前置詞はやはり a を使います。「〜時」を表す名詞
horas は省略し、その代わりに女性複数形の定冠詞を数詞につけま
す。「1時に」は a la una と単数形になります。

prossimo ▶ 次の　　treno ▶ 列車 (男性名詞)
per ▶ 〜行きの　　Monaco ▶ ミュンヘン

「〜時」を表す名詞 ore は省略し、前置詞 a と女性複数形定冠詞の
融合形 alle を数詞の前に置きます。「1時に」は all'una と単数形
になります。

時刻を表す表現には 3 言語とも数詞が出てきますが、フランス語だけ「〜時」
にあたる名詞を使い、スペイン語とイタリア語では代わりに女性形定冠詞を使
います。この定冠詞は「〜時」にあたる女性名詞が省略されていることを表す
働きをしています。どの言語も同じ前置詞を使うあたりは、やはり兄弟同士とい
う感じですね。

基 数 詞

　数を数えるのに必要な数詞を学びます。3言語を並べてみると、形が似ているのがよくわかります。ただ微妙な違いがあるので、そこに注意して覚えていくようにしましょう。

　まずはいちばん大切な1〜10です。

	フランス語	スペイン語	イタリア語
1	**un** アン	**uno** ウノ	**uno** ウーノ
2	**deux** ドゥ	**dos** ドス	**due** ドゥーエ
3	**trois** トゥルワ	**tres** トゥレス	**tre** トゥレ
4	**quatre** キャットゥル	**cuatro** クワトゥロ	**quattro** クワットゥロ
5	**cinq** サンク	**cinco** すィンコ	**cinque** チンクェ
6	**six** スィス	**seis** セイス	**sei** セーイ
7	**sept** セットゥ	**siete** スィエテ	**sette** セッテ
8	**huit** ゆイットゥ	**ocho** オチョ	**otto** オット
9	**neuf** ぬフ	**nueve** ヌエベ	**nove** ノーヴェ
10	**dix** ディス	**diez** ディエす	**dieci** ディエーチ

　名詞につなげて使う場合の注意点があります。

　1はいずれの言語も名詞の性に合わせて不定冠詞と同じ変化をします。イタリア語では次にくる語の語頭の音によって変化がありましたね。復習しておきましょう。

　フランス語では、2、3は母音（もしくは無音のh）で始まる語の前でリエゾンします。

F **deux enfants**　「2人の子供」　　**trois étudiants**　「3人の学生」
ドゥざんフあん　　　　　　　　　　　　　　トゥルワゼチゅディやん

6、10は母音（もしくは無音の h）で始まる語の前で x を「ズ」と発音します。

F six articles 「6つの記事」　**F** dix ordinateurs 「10台のコンピューター」
スィザルティクる　　　　　　　　　　　ディゾルディナトゥール

9 は ans「年」、heures「時間」の前でのみ f が「ヴ」と発音されます。それ以外は「フ」ですが、次の母音とアンシェヌマンが起きます。

F neuf ans 「9年」　**F** neuf heures 「9時間」
ぬヴぁん　　　　　　　ぬヴぅール

F neuf hommes 「9人の男性」
ぬフォム

4、5、7も語末の子音と次の母音がアンシェヌマンを起こします。

F quatre assiettes 「4枚の皿」　**F** cinq étoiles 「5つの星」
キャットゥラスィエットゥ　　　　　サンケトゥヴる

F sept avions 「7機の飛行機」
セタヴィヨン

6、8、10は（無音の h 以外の）子音で始まる語の前では語末の子音を発音しません。

F six voitures 「6台の車」　**F** huit jours 「8日（1週間）」
スィ　ヴワチュール　　　　　　ゆイ　じゅール

F dix personnes 「10人」
ディ　ペルソンヌ

次は11〜20です。これもけっこう使いますからがんばりましょう。

	フランス語	スペイン語	イタリア語
11	onze オンズ	once オンセ	undici ウンディチ
12	douze ドゥーズ	doce ドセ	dodici ドーディチ
13	treize トゥレーズ	trece トゥレセ	tredici トゥレディチ
14	quatorze キャットルズ	catorce カトルセ	quattordici クワットールディチ
15	quinze キャンズ	quince キンセ	quindici クインディチ
16	seize セーズ	dieciséis ディエスィセイス	sedici セーディチ

127

	フランス語	スペイン語	イタリア語
17	**dix-sept** ディスセットゥ	**diecisiete** ディエすぃスィエテ	**diciassette** ディチャッセッテ
18	**dix-huit** ディズゅイットゥ	**dieciocho** ディエすぃオチョ	**diciotto** ディチョット
19	**dix-neuf** ディズぬフ	**diecinueve** ディエすぃヌエべ	**diciannove** ディチャンノーヴェ
20	**vingt** ヴァン	**veinte** ベインテ	**venti** ヴェンティ

　覚え方としては、フランス語とイタリア語は11〜16、スペイン語は11〜15で語の終わりが同じ形（-ze, -ce, -dici）になります。英語の -teen にあたると思ってください。フランス語とイタリア語の17〜19、スペイン語は16〜19は前半に10にあたる形（dix, diec, dici）が入り、後半に一の位の数字がきます。2つの間にはフランス語ではハイフン（-）、スペイン語では y（英語の and）にあたる i、イタリア語では e（and）が変形した a がそれぞれ入ります。イタリア語では a の後に子音がくる場合には発音をなめらかにするために子音を重ね、母音がくる場合には母音連続を避けるために a を落とします。

　名詞につなげて使う場合、フランス語の11〜16は語末の子音と次の母音がアンシェヌマンを起こします。17〜19は語末の子音が 7 〜 9 と同じようになります。20は母音（もしくは無音の h）で始まる語の前でリエゾンします。

F onze amis 「11人の友達」　　**F** vingt élèves 「20人の生徒」
　オンザミ　　　　　　　　　　　　　ヴァンテレーヴ

　次は21〜100です。これが使えるようになればなかなかのものです。注意すべきものだけあげていきます。

	フランス語	スペイン語	イタリア語
21	**vingt et un** ヴァンテアン	**veintiuno** ベインティウノ	**ventuno** ヴェントゥーノ
22	**vingt-deux** ヴァントゥドゥ	**veintidós** ベインティドス	**ventidue** ヴェンティドゥーエ
23	**vingt-trois** ヴァントゥトゥルワ	**veintitrés** ベインティトゥレス	**ventitré** ヴェンティトゥレ

28	vingt-huit ヴァンチゅイットゥ	veintiocho ベインティオチョ	ventotto ヴェントット
30	trente トゥらントゥ	treinta トゥレインタ	trenta トゥレンタ
40	quarante キャらントゥ	cuarenta クワレンタ	quaranta クワランタ
50	cinquante サンかントゥ	cincuenta すぃンクエンタ	cinquanta チンクワンタ
60	soixante スワッさントゥ	sesenta セセンタ	sessanta セッサンタ
70	soixante-dix スワッさんトゥディス	setenta セテンタ	settanta セッタンタ
71	soixante et onze スワッさんテオンズ	setenta y uno セテンタイウノ	settantuno セッタントゥーノ
72	soixante-douze スワッさんトゥドゥーズ	setenta y dos セテンタイドス	settantadue セッタンタドゥーエ
80	quatre-vingts キャトゥルヴァン	ochenta オチェンタ	ottanta オッタンタ
81	quatre-vingt-un キャトゥルヴァンアン	ochenta y uno オチェンタイウノ	ottantuno オッタントゥーノ
90	quatre-vingt-dix キャトゥルヴァンディス	noventa ノベンタ	novanta ノヴァンタ
91	quatre-vingt-onze キャトゥルヴァンオンズ	noventa y uno ノベンタイウノ	novantuno ノヴァントゥーノ
100	cent さん	ciento すぃエント	cento チェント

どういうふうにできているかを確認してみましょう。

　共通の特徴として、英語の one hundred とは異なり、100には1にあたる語はつけません。

★ F フランス語

　一の位が1となる数字は十の位と一の位の間に et（and）を入れます。女性名詞につける場合には、一の位の1は une にします。一の位が2以降は、英語

のようにハイフン（-）でつなぎます。vingt の t は20では読みませんが、21〜29では発音し、特に21と28ではリエゾンします。40、50、60は語末が -ante になっているのが特徴です。

　注意が必要なのは70以降です。70は専用の語ではなく60-10とします。71は60 et 11となり、72以降は60-12のように作ります。80は4-20となり、20には複数の s をつけます。掛け算ですね。81は4-20-1で et を入れません。81以降は20から複数の s をとります。90は80-10、91は80-11となり、それ以降も同じように作ります。この数え方は20進法の名残です。

★ S スペイン語

　20代の数字は veinti に一の位の数字を続けます。これは veinte y が縮まった形です。アクセントは一の位の数字に置かれるので、veintiséis にはアクセント記号がつきます。男性名詞の前につけるときは uno は un になり、21は veintiún となります。30以降は十の位と一の位の間に y（and）を入れます。女性名詞につける場合には、一の位の1はすべて una にします。40以降の一の位が 0 の数字は、みな語末が -enta となっているのが共通しています。sesenta（60）と setenta（70）は間違いやすいので注意しましょう。100は次に名詞が続く場合には cien という短い形になります。

cien amigos 「100人の友達」
　　すぃエナミゴス

★ I イタリア語

　十の位と一の位をそのままつなげて作ります。1、8 は母音で始まるので、十の位の数字の最後の母音が落ちて trentuno（31）、quarantotto（48）などのようになります。一の位が 3 のときは、アクセントが語末の母音に置かれるので tre にアクセント記号をつけ cinquantatré（53）のように書きます。40以降の一の位が 0 の数字は、みな語末が -anta となっているのが共通しています。スペイン語に似ているようで違うので、ごっちゃにならないようにしましょう。やはり sessanta（60）と settanta（70）は間違いやすいので要注意です。フランス語やスペイン語とは違い、女性名詞につけるときも一の位の1は -uno の

ままですが、-un と短くなることもあります。

ventun macchine 「21台の車」
ヴェン**トゥン**　　**マッ**キネ

　以下に1000までの数字をあげておきます。普段そんなに使うことはないと思いますので、余裕ができたらチャレンジしてみてください。

	フランス語	スペイン語	イタリア語
200	deux cents ドゥさん	doscientos ドスすぃエントス	duecento ドゥエチェント
300	trois cents トゥルワさん	trescientos トゥレスすぃエントス	trecento トゥレチェント
400	quatre cents キャットゥルさん	cuatrocientos クワトゥロすぃエントス	quattrocento クワットゥロチェント
500	cinq cents サンさん	quinientos キニエントス	cinquecento チンクエチェント
600	six cents スィさん	seiscientos セイスすぃエントス	seicento セイチェント
700	sept cents セッツさん	setecientos セテすぃエントス	settecento セッテチェント
800	huit cents ゆいさん	ochocientos オチョすぃエントス	ottocento オットチェント
900	neuf cents ぬふさん	novecientos ノべすぃエントス	novecento ノヴェチェント
1000	mille みる	mil みる	mille みぅれ

　共通の特徴として、100と同じように1000にも数詞の1をつけません。

★ F フランス語

　cent は次に数字が続くときには複数でも -s を落とします。

230　deux cent trente
　　　　ドゥさんトゥラントゥ

★ S スペイン語

百の位の数字はつなげて書き、ciento に複数の -s がつきます。500、700、900には注意が必要です。女性名詞につけるときは cientas となります。

★ I イタリア語

書くときはスペースを入れず、一気につなげてつづります。cento（100）は200以降でも形が変わりません。

230　duecentotrenta
ドゥエ**チェ**ントゥ**レ**ンタ

一度に覚えるのは大変ですから、まずは基本となる１〜100をしっかり覚えるようにしましょう。ちなみにフランス・スペイン・イタリアの共通通貨ユーロは、１ユーロあたり百数十円ですから、100まで使えれば旅行ではかなり便利でしょう。

— ことわざ⑪ ♪62

「一石二鳥」

F Abattre deux mouches d'un coup de savate.
　アバットゥル　　　ドゥ　　ムシュ　　　ダン　ク　ドゥ　サヴァットゥ

S Matar dos pájaros de una pedrada.
　マ**タ**ル　　ドス　　**パ**ハロス　　デ　ウナ　　ペドゥ**ラ**ダ

I Prendere due piccioni con una fava.
　プレンデレ　　**ドゥー**エ　ピッ**チョ**ーニ　コヌナ　　**ファー**ヴァ

　みなさんご存じのことわざ「一石二鳥」にあたる表現です。3言語で言い方は少しずつ違っていますが、スペイン語が日本語にいちばん近く、「一つの石で二羽の鳥を殺す」という意味です。フランス語は「スリッパの一撃で二匹のハエを退治する」、イタリア語は「一つのソラマメで二羽のハトをしとめる」となります。

　みなさんはこの本で、一石二鳥どころか一石三鳥をめざしているわけですね。決してできないことではありませんから、がんばってまいりましょう！

ネコたちのおしゃべり⑧

L麻呂：数の数え方はみんなだいたいわしと同じやり方じゃが、F奈だけ変わったところがあるのぉ。70が60-10とか、80が4-20とか見慣れない感じじゃが…。

F奈：おじいちゃんは私のお父さんのお父さんだけど、私のお母さんはケルト系のガリア語っていう血筋を引いてるの。ガリア語は20進法の数の数え方をしていて、私にも一部その影響が残っているのかもね。

I美：でも全部は20進法にしてないのよね。中途半端な感じがするけど。

F奈：私はお母さんよりもお父さんのほうにずっとよく似てるから、お母さんの特徴は部分的にしか現れないの。スイスやベルギーの弟や妹なんか、おじいちゃんやみんなと同じ10進法の数え方をしているわ。でも、発音についてはお母さんの影響が大きいわね。単語がみんなより短いのも、アクセントを強く読むお母さんの癖が強すぎたから、ほかのところが弱くなっちゃって、結局語尾なんかが消えちゃったのよ。

S樹：そうか、F奈だけなんで単語があんなに短いのか不思議に思ってたけど、おばさんの影響だったんだね。僕やI美はおばさんとは血がつながってないから、似てなくて当然だ。

I美：単語と言えば、S樹には私たちにないような単語が結構あるわよね。

S樹：うん。僕の場合、近所にアラビア語さんが住んでたことがあって、かなり単語をくれたんだ。aで始まる単語はアラビア語起源が結構あるよ。お米を表すarrozなんかそうだね。コーヒーを表すcaféなんかF奈もI美も同じ語源の語を使ってるけど、もとはアラビア語なんだぜ。

I 美 ：へー、私たちっていろんな人から影響を受けてるのね。おじいちゃんだけじゃないんだ。

S 樹 ：いろんな人と交わるからこそ、それぞれ豊かになっていくんだと思うな。おじいちゃんと同じところばかりだとつまらないからね。

L 麻呂：孫たちがわしの特徴を受け継ぎながら、新しいものも取り入れてそれぞれの人格を形成していく。言葉もこうやって進歩していくんじゃな。

=17

4×20   +17   =97

「私はコーヒーよりも
お茶が好きです。」

♪63

F

Je préfère le thé au café.
じゅ　プレフェール　る　テ　オ　キャフェ

S

Prefiero el té al café.
プレフィ**エ**ロ　　エる　　テ　アる　　カ**フェ**

I

Preferisco il tè al caffè.
プレフェ**リ**スコ　　イる　テ　アる　　カッ**フェ**

英語の prefer A to B にあたる「B よりも A のほうが好き」という表現が使われています。単に「～が好きである」と言うのではなく、2 つのものを比較してどちらがより好きかということを表す文です。自分の好みを表す表現は会話ではよく使うので、ぜひマスターしましょう。

préfère ▶ 〜のほうが好きである（préférerの1人称単数）
thé ▶ お茶（男性名詞）

お茶もコーヒーも数えられない液体なので、単数形を使います。「〜が好き」と言う場合の目的語の名詞には、英語と違って必ず定冠詞をつけます。

prefiero ▶ 〜のほうが好きである（preferirの1人称単数）
té ▶ お茶（男性名詞）

「お茶」、「コーヒー」を単数形にする点と、「〜が好き」と言う場合の目的語の名詞に必ず定冠詞をつける点はフランス語と同じです。

preferisco ▶ 〜のほうが好きである（preferireの1人称単数）
tè ▶ お茶（男性名詞）

イタリア語でも「お茶」と「コーヒー」を単数形にし、「〜が好き」と言う場合の目的語の名詞に必ず定冠詞をつけます。

この文の定冠詞は、「お茶というもの」や「コーヒーというもの」のように、種類としての飲み物を表す働きをしています。このような定冠詞の使い方を総称用法といいます。この用法では、定冠詞がもっともよく使われます。「〜よりも」を表す前置詞はà, aで、ここでは定冠詞と融合していることに注意しましょう。

注 意 す べ き 動 詞

　ここでは、基本的には規則動詞だけれども、細かい部分で不規則な動詞を中心に学びます。完全な不規則動詞よりもかえって覚えにくいとも言えるのですが、今まで動詞の活用を学んできて、それぞれの言語に対してある程度の勘が身についているのではないかと思います。それを大いに活用して、どんどん表現の幅を広げていきましょう。

★ F フランス語

　第1群規則動詞なのですが、語幹が人称によって少し変わる動詞があります。1つめは、不定詞の語尾 -er の直前の母音、言い換えれば語幹の最後の母音が e となっている動詞です。acheter「買う」、lever「上げる、起こす」、appeler「呼ぶ」、jeter「投げる」などいくつかあります。これらの動詞では、語尾は第1群規則動詞の語尾そのままですが、単数人称と複数3人称で、語幹の母音 e が「エ」という発音に変わるために、つづりが変わります。変え方には2通りあり、acheter, lever は e が è になります。母音で始まる動詞はエリジョンやリエゾンに注意しましょう。

j'achète じゃシェットゥ	tu achètes アシェットゥ	il achète イらシェットゥ	nous achetons ヌザシュトン	vous achetez ヴザシュテ	ils achètent イるザシェットゥ
je lève れ一ヴ	tu lèves れ一ヴ	il lève れ一ヴ	nous levons るヴォン	vous levez るヴェ	ils lèvent れ一ヴ

　appeler, jeter は -er の前の子音字を重ねます。

j'appelle じゃペる	tu appelles アペる	il appelle イらペる	nous appelons ヌザプろン	vous appelez ヴザプれ	ils appellent イるザペる
je jette ジェットゥ	tu jettes ジェットゥ	il jette ジェットゥ	nous jetons ジュトン	vous jetez ジュテ	ils jettent ジェットゥ

　このように発音が変わるのは、語の最後に発音される母音にアクセントが置かれるので、弱い母音である e「ウ」ではなく è「エ」にして発音しやすくするためです。

138

　２つめは、語幹の最後の母音が é となっている動詞です。キーセンテンスに出てきた préférer「〜のほうが好きである」や espérer「期待する」がこれにあたります。これらの動詞では、単数人称と複数３人称で、不定詞の é のアクセント記号の向きが変わり è となります。厳密には発音が変わるのですが、重要なのは è となる場合には少し長く発音するということです。語尾は規則的です。

je préf**è**re プレフェール	tu préf**è**res プレフェール	il préf**è**re プレフェール	nous préférons プレフェロン	vous préférez プレフェレ	ils préf**è**rent プレフェール
j'esp**è**re じェスペール	tu esp**è**res エスペール	il esp**è**re いれスペール	nous espérons ヌゼスペロン	vous espérez ヴゼスペレ	ils esp**è**rent いるゼスペール

　最後は、語幹の最後が y で終わる動詞です。このような動詞は、語尾が発音されない単数人称と複数３人称で、発音の関係で y が i に変わります。 appuyer「押す、支える」、 envoyer「送る」、 employer「雇う、使う」、 nettoyer「掃除する」などがあります。ここでも語尾は規則的です。

アピュィエ　あんヴワィエ　あんプるワィエ　ネトワィエ

j'appuie じゃビュイ	tu appuies アピュイ	il appuie いらビュイ	nous appuyons ヌザビュィヨン	vous appuyez ヴザビュィエ	ils appuient いるザビュイ
j'envoie じゃんヴワ	tu envoies あんヴワ	il envoie いらんヴワ	nous envoyons ヌざんヴワヨン	vous envoyez ヴざんヴワィエ	ils envoient いるざんヴワ
j'emploie じゃんプるワ	tu emploies あんプるワ	il emploie いらんプるワ	nous employons ヌざんプるワヨン	vous employez ヴざんプるワィエ	ils emploient いるざんプるワ
je nettoie ネトゥワ	tu nettoies ネトゥワ	il nettoie ネトゥワ	nous nettoyons ネトゥワヨン	vous nettoyez ネトゥワィエ	ils nettoient ネトゥワ

　-ayer となっている動詞は、envoyer と同じパターンの活用とまったく規則的な活用のどちらも使われます。 payer 「払う」、 essayer 「試す、〜しようと努める」などがあります。

ベィエ　エセィエ

je paie ペ	tu paies ペ	il paie ペ	nous payons ペヨン	vous payez ペィエ	ils paient ペ
je paye ペィュ	tu payes ペィュ	il paye ペィュ	nous payons ペヨン	vous payez ペィエ	ils payent ペィュ
j'essaie じェセ	tu essaies エセ	il essaie イれセ	nous essayons ヌゼセヨン	vous essayez ヴゼセィエ	ils essaient いるゼセ
j'essaye じェセィュ	tu essayes エセィュ	il essaye イれセィュ	nous essayons ヌゼセヨン	vous essayez ヴゼセィエ	ils essayent いるゼセィュ

　不定詞が -ir で終わるのに、-er で終わる第1群規則動詞のような活用をする動詞も注意が必要です。offrir 「送る」、ouvrir 「開ける」などです。
オフリール　　　　　ウヴリール

j'offre じョッフル	tu offres オッフル	il offre イろッフル	nous offrons ヌゾフロン	vous offrez ヴゾフレ	ils offrent いるゾッフル
j'ouvre じゥーヴル	tu ouvres ウーヴル	il ouvre イるーヴル	nous ouvrons ヌゾブロン	vous ouvrez ヴズヴレ	ils ouvrent いるズーヴル

【例文】

On appuie sur le bouton pour ouvrir la porte.
オナピュイ　　スゅル　る　ブトン　　ブルヴリール　　　ら　ポルトゥ

「ドアを開ける（ouvrir）にはボタンを押す。」

Vous payez par la carte bancaire ?
ヴ　　　ペィエ　バル　ら　キャルトゥ　　ばんケール

「カード（carte bancaire）で支払いますか？」

Les élèves essayent de résoudre le problème.
れぜれーヴ　　　エセイュ　ドゥ　レズドゥル　　る　プロブれム

「生徒たちは問題を解こう（résoudre）としている。」

★ Ⓢ スペイン語

　スペイン語には「語根母音変化動詞」と言って、語幹の母音が現在形の一部の人称で変化するものがあります。最初は面倒に思われるのですが、規則的な変化なので、慣れてしまうと案外楽です。

具体的には、i) o → ue、ii) e → ie、iii) e → i の 3 種類の変化があります。

i) o → ue

語幹の母音にアクセントが置かれる単数人称と複数 3 人称で o が ue になります。poder「～できる」、 volver 「帰る」、dormir 「眠る」がこれにあたります。
なお、フランス語の pouvoir やイタリア語の potere と同じように、poder は状況的に可能ということを表します。能力として「できる」という意味では、すでに学んだ saber を使います。

yo puedo プエド	tú puedes プエデス	él puede プエデ	nosotros podemos ポデモス	vosotros podéis ポディス	ellos pueden プエデン
yo vuelvo ブエるボ	tú vuelves ブエるベス	él vuelve ブエるベ	nosotros volvemos ボるベモス	vosotros volvéis ボるベイス	ellos vuelven ブエるベン
yo duermo ドゥエルモ	tú duermes ドゥエルメス	él duerme ドゥエルメ	nosotros dormimos ドルミモス	vosotros dormís ドルミス	ellos duermen ドゥエルメン

ii) e → ie

語幹の母音にアクセントが置かれる単数人称と 3 人称複数で e が ie になります。キーセンテンスに出てきた preferir「～のほうが好きである」、 entender 「理解する」、 pensar 「考える」、querer 「～がほしい、～したい」がこれにあたります。

yo prefiero プレフィエロ	tú prefieres プレフィエレス	él prefiere プレフィエレ	nosotros preferimos プレフェリモス	vosotros preferís プレフェリス	ellos prefieren プレフィエレン
yo entiendo エンティエンド	tú entiendes エンティエンデス	él entiende エれンティエンデ	nosotros entendemos エンテンデモス	vosotros entendéis エンテンデイス	ellos entienden エンティエンデン
yo pienso ピエンソ	tú piensas ピエンサス	él piensa ピエンサ	nosotros pensamos ペンサモス	vosotros pensáis ペンサイス	ellos piensan ピエンサン
yo quiero キエロ	tú quieres キエレス	él quiere キエレ	nosotros queremos ケレモス	vosotros queréis ケレイス	ellos quieren キエレン

iii) e → i

　語幹の母音にアクセントが置かれる単数人称と複数3人称でeがiになります。ii) と同じ母音で混乱しやすいので、区別して覚えるようにしましょう。このパターンは -ir 動詞にのみ見られ、servir「仕える、給仕する」、 elegir「選ぶ」、 reír「笑う」などがこれにあたります。

yo sirvo	tú sirves	él sirve	nosotros servimos	vosotros servís	ellos sirven
スィルボ	スィルベス	スィルベ	セルビモス	セルビス	スィルベン

　elegir はつづりと発音の関係から、1人称単数で「ホ」と読ませるために語幹のg が j に変わります。発音は規則的です。

yo elijo	tú eliges	él elige	nosotros elegimos	vosotros elegís	ellos eligen
エリホ	エリヘス	エれりへ	エれヒモス	エれヒス	エリヘン

　reír は語幹が re- と母音で終わっているため、すべての人称でアクセント記号が必要になります。

yo río	tú ríes	él ríe	nosotros reímos	vosotros reís	ellos ríen
ルリオ	ルリエス	ルリエ	ルレイモス	ルレイス	ルリエン

【例文】

No entiendo bien.「私はよくわからない。」
ノ　　エンティエンド　　ビエン

Queremos ir a España.「私たちはスペインに行きたい。」
ケレモス　イル　ア　エスパニャ

Puedes venir mañana?「明日来れる？」
プエデス　　ベニル　　マニャナ

Los obreros vuelven a casa.「労働者たちが帰宅する（家に帰る）。」
ろソブレロス　　プエるベン　ア　カサ

Elijo un buen restaurante.「私はよいレストランを選ぶ。」
エリホ　ウン　プエン　ルレスタウランテ

★ Ⅰ イタリア語

　イタリア語には、-ire 動詞で人称によって語幹が変わるパターンがあります。語幹の母音にアクセントが置かれる単数人称と 3 人称複数で -isc- という形がつけ加わります。この sc は後ろにくる母音によって発音が変わるので注意してください。-o に続く場合は「スコ」、それ以外は「シ」となります。

　このパターンで活用するのは、キーセンテンスに出てきたpreferire「～のほうが好きである」、capire「理解する」、finire「終える」などです。

io prefer**isco** プレフェ**リ**スコ	tu prefer**isci** プレフェ**リ**ッシ	lui prefer**isce** プレフェ**リ**ッシェ	noi preferiamo プレフェリ**ヤ**ーモ	voi preferite プレフェ**リ**ーテ	loro prefer**iscono** プレフェ**リ**スコノ
io cap**isco** カ**ピ**スコ	tu cap**isci** カ**ピ**ッシ	lui cap**isce** カ**ピ**ッシェ	noi capiamo カピ**ヤ**ーモ	voi capite カ**ピ**ーテ	loro cap**iscono** カ**ピ**スコノ
io fin**isco** フィ**ニ**スコ	tu fin**isci** フィ**ニ**ッシ	lui fin**isce** フィ**ニ**ッシェ	noi finiamo フィニ**ヤ**ーモ	voi finite フィ**ニ**ーテ	loro fin**iscono** フィ**ニ**スコノ

　uscire「出る、出かける」も単数人称と 3 人称複数で語幹が違いますが、この動詞の場合母音が変わり、u が e になります。

io **esco** **エ**スコ	tu **esci** **エ**ッシ	lui **esce** **エ**ッシェ	noi usciamo ウッシャーモ	voi uscite ウッ**シ**ーテ	loro **escono** **エ**スコノ

最後に、-ire 動詞ではありませんが、bere「飲む」の活用を覚えましょう。この動詞は、不定詞の語幹よりも長い bev- という現在形の語幹を持っていて、すべての人称でこの形が出てきます。人称によって語幹が変わらないという点では、かなり規則的だと言えます。

io **bevo** ベーヴォ	tu **bevi** ベーヴィ	lui **beve** ベーヴェ	noi **beviamo** ベヴィヤーモ	voi **bevete** ベヴェーテ	loro **bevono** ベーヴォノ

【例文】

Non capisco bene.「私はよくわからない。」
　ノン　　　カピスコ　　　ベーネ

I bambini finiscono i compiti.「子供たちは宿題を終える。」
　イ　　バンビーニ　　フィニスコノ　イ　コンピティ

　今回勉強したスペイン語とイタリア語の動詞の活用に共通しているのは、「アクセントが語幹にあるのか語尾にあるのかということが重要だ」という点です。この2言語を話すときには、アクセントに常に注意を払う必要があるということがおわかりいただけると思います。

— ことわざ⑫ ♪64

「我思う、故に我あり」

F Je pense, donc je suis.
じゅ　ぱんす　　　ドンク　じゅ　スゅイ

S Pienso, luego existo.
ピエンソ　　るエゴ　　エクスィスト

I Penso, dunque sono.
ベンソ　　　ドゥンクエ　　ソーノ

　17世紀のフランスの哲学者デカルトが自著「方法序説」の中で述べた、あまりにも有名な言葉で、ラテン語の Cogito, ergo sum. に対応します。デカルトはあらゆるものの存在を疑うことによって真理に到達するという「方法的懐疑」を唱えましたが、いくら疑っても疑えないのは、まさに疑っている自分自身の意識の存在であるということを発見しました。それを表したのがこの言葉です。

　p.141に出てきたスペイン語の動詞 pensar とこれにあたる他の言語の規則動詞 penser **F**, pensare **I** が使われています。フランス語の être、イタリア語の essere が単独で存在を意味するのは古い用法で、スペイン語に登場している existir にあたる exister, esistere を現在では使います。

「秘書たちはテニスを
しているところです。」

♪65

フランス語

F **Les secrétaires sont en**
れ　　　　スクレテール　　　　　ソンたん
train de jouer au tennis.
トゥラン　ドゥ　じゅエ　オ　テニス

スペイン語

S **Los secretarios están**
ろス　　　　セクレ**タ**リオス　　　エス**タ**ン
jugando al tenis.
ふ**ガ**ンド　　ア**る**　**テ**ニス

イタリア語

I **I segretari stanno**
イ　　セグレ**タ**ーリ　　ス**タ**ンノ
giocando al tennis.
ジョ**カ**ンド　　ア**る**　**テ**ニス

英語の are playing「～をしているところだ」にあたる表現で、現在進行している最中の動作やできごとを表します。フランス語では、現在進行していることも今まで勉強した現在形を使って Les secrétaires jouent au tennis. と言うのがふつうで、この課で習う表現は進行中であることを特に強調する場合にだけ使います。

secrétaire ▶ 秘書（男女同形）

sont en train de ▶ ～しているところである（3人称複数）

jouer ▶ （球技を）する　tennis ▶ テニス（男性名詞）

「（球技を）する」は jouer に前置詞 à をつけて表現し、球技を表す
名詞には定冠詞をつけます。

secretario ▶ 秘書（男性形、女性形は語尾を-oから-aに代える）

están ▶ （～の状態に）ある（estarの3人称複数）

jugando ▶ （球技を）する（jugarの現在分詞）

tenis ▶ テニス（男性名詞）

「（球技を）する」はフランス語と同様、jugar に前置詞 a をつけます。

segretario ▶ 秘書（男性形、女性形は語尾を-oから-aに代える）

stanno ▶ （～の状態に）ある（stareの3人称複数）

giocando ▶ （球技を）する（giocareの現在分詞）

tennis ▶ テニス（男性名詞）

「（球技を）する」の giocare に前置詞 a をつける点は同じです。

スペイン語とイタリア語では、英語と同じように現在進行形と呼ばれる形が使
われていて、作り方も英語と同じと考えていいでしょう。英語と違って、両言語
とも現在形でも現在進行中の動作やできごとを表すことはできますが、進行中
であるということを会話で表す表現としてぜひ覚えておきましょう。

現在進行形

フランス語には "現在進行形" はない

「〜している最中である」ということを表すのが現在進行形です。フランス語には現在進行形と呼べるような形はなく、キーセンテンスに出てきた「être en train de + 不定詞」という類似の表現はありますが、特に進行中であることを強調したいとき以外には使いません。スペイン語とイタリア語には現在進行形があり、よく使うので見ていきましょう。

★ S スペイン語

一時的な状態や存在を表す estar という動詞の現在形に、動作を表す動詞の現在分詞という形を加えることで現在進行形ができます。estar の活用は不規則で、ser と同じように1人称単数形が -y で終わります。アクセントはすべての人称で語尾の母音に置かれます。つづりでアクセント記号をつけるものに注意しましょう。

yo estoy	tú estás	él está	nosotros estamos	vosotros estáis	ellos están
エスト**イ**	エス**タ**ス	エス**タ**	エス**タ**モス	エス**タ**イス	エス**タ**ン

現在分詞は英語の ing 形にあたり、-ndo という形で終わります。-ar 動詞は不定詞の語幹に -ando を、-er 動詞と -ir 動詞は -iendo をそれぞれつけて作ります。

hablar → hablando	comer → comiendo	escribir → escribiendo
アブ**ら**ル　アブ**ら**ンド	コ**メ**ル　コミ**エ**ンド	エスクリ**ビ**ル　エスクリビ**エ**ンド

-ir 動詞で語根母音変化動詞と decir, venir では語幹の母音が変わります。

dormir → durmiendo	servir → sirviendo	decir → diciendo
ドル**ミ**ル　ドゥル**ミ**エンド	セル**ビ**ル　スィル**ビ**エンド	デ**すぃ**ル　ディ**すぃ**エンド

venir → viniendo		
ベ**ニ**ル　ビ**ニ**エンド		

reír では、語幹 ri- の i と語尾 -iendo の i が重ならないように i を1つ落とします。

> **reír → riendo**
> ルレイル　　ルリエンド

また、-er 動詞と -ir 動詞で語幹が母音で終わる動詞の場合、-yendo という形になります。ir は不定詞が特殊な形ですが、これと同じ扱いになります。

> **leer → leyendo**　**oír → oyendo**　**ir → yendo**
> れエル　　れジェンド　　オイル　　オジェンド　　イル　　ジェンド

ここで、estar という動詞の使い方について触れておきます。

スペイン語には、英語の be 動詞にあたる動詞が2つあります。1つはすでに学んだ ser で、もう1つが estar です。2つの使い分けでまず重要なのは、場所を表す表現には estar を使い、ser は使えないということです。

Las gafas están en la mesa.
らス　　**ガ**ファス　　エス**タン**　エン　ら　**メ**サ

> 「メガネ（gafas）はテーブル（mesa）の上にあります。」

次に、estar は英語で言うところの第2文型で使われ、一時的な状態を表します。これに対して、ser を使うと、恒常的な性質を表すことになります。

¿Cómo estás? — Muy bien, gracias.
コモ　　エス**タ**ス　　ムイ　　**ビエ**ン　グラすぃアス

> 「元気かい（英語の How are you?）？
> — 元気だよ（英語の Fine, thank you.）。」

¿Cómo es Pedro? — Es muy simpático.
コモ　　エス　**ペ**ドゥロ　　エス　ムイ　　スぃン**パ**ティコ

> 「ペドロってどんな人？ — とってもいいやつだよ。」

※ cómo は後で学ぶ疑問詞で、英語の how にあたる「どのような」という意味を表す語です。

この違いは大切なので、スペイン語で be 動詞にあたる表現を言いたい場合には、ser を使うのか estar を使うのかに常に留意するようにしましょう。

★ ① イタリア語

スペイン語と同じように、一時的な状態や存在を表す stare という動詞の現在形に、動作を表す動詞のジェルンディオという形を加えることで現在進行形ができます。ジェルンディオは英語やスペイン語の現在分詞にあたる形です。stare の活用は不規則で、dare「与える」に似ています。
ダーレ

io sto	tu stai	lui sta	noi stiamo	voi state	loro stanno
スト	スターイ	スタ	スティヤーモ	スターテ	スタンノ

ジェルンディオは -ndo という形で終わります。-are 動詞は不定詞の語幹に -ando を、-ere 動詞と -ire 動詞は -endo をそれぞれつけて作ります。ジェルンディオのアクセントは常に ndo の直前の母音に置かれます。

parlare → parlando
バル**ら**ーレ　バル**ら**ンド

leggere → leggendo
れッジェレ　れッ**ジェ**ンド

dormire → dormendo
ドル**ミ**ーレ　ドル**メ**ンド

不規則な形も若干あります。

fare → facendo
ファーレ　ファ**チェ**ンド

bere → bevendo
ベーレ　ベ**ヴェ**ンド

dire → dicendo
ディーレ　ディ**チェ**ンド

stare という動詞の使い方についても触れておきましょう。

イタリア語の stare はスペイン語の estar にあたる動詞で会話でもよく使われますが、estar に比べると使用頻度は低いと言えます。一時的な状態を表すという点では stare と estar は共通しています（形を見ておわかりのように語源は同じです）。
エスタル

スペイン語の ser にあたるイタリア語の動詞は essere ですが、essere と stare の使い分けはスペイン語ほど厳密ではなく、重なるところもあります。例えば、場所を表すにはどちらの動詞も使えます。イタリア語の be 動詞は基本的に essere で、stare の使い方は例文で出てきたら覚えるという感じでいいでしょう。
エッセレ

La famiglia sta a tavola. 「家族は食卓についている。」
ら　ファミぃりゃ　スタ　ア　**ター**ヴぉら

Come stai? — Sto bene, grazie.
コメ　スター**イ**　スト　**ベ**ーネ　**グ**ラッツィエ

「元気かい(英語の How are you?)？ — 元気だよ(英語の I'm fine, thank you.)。」

— ことわざ⑬ _____ ♪66

「人間万事塞翁が馬」

F **Le diable n'est pas toujours à la porte**
る　ディアブる　ネ　パ　トゥじゅール　ア　ら　ポルトゥ

d'un pauvre homme.
ダン　　　ポヴロム

S **No siempre el diablo ha de estar detrás**
ノ　スィ**エ**ンプレ　エる　ディ**ア**ブろ　ア　デ　エス**タ**ル　デトゥ**ラ**ス

de la puerta.
デ　ら　プ**エ**ルタ

I **Il diavolo non sta sempre in un luogo.**
イる　ディ**ヤ**ーヴォろ　ノン　スタ　**セ**ンプレ　イヌン　る**オ**ーゴ

　３言語で表現は少しずつ違っていますが、いずれも「人はいつも不幸なことばかりあるとは限らない」ということを意味しています。

　スペイン語とイタリア語では、この課で習った estar, stare が使われています。フランス語は「悪魔は貧乏な人の家の戸口にばかりいるわけではない」、スペイン語は「悪魔はいつも戸口の陰にいるなどというはずはない」、イタリア語は「悪魔はいつも一つ所にいるわけではない」となります。スペイン語の ha de という表現は、存在を表す動詞 hay (不定詞 haber) を使った熟語で、「～はずである」という意味を表します。

ネコたちのおしゃべり⑨

L 麻呂 ： わしは動詞を組み合わせて時制を表すということをしないんじゃが、お前たちはこういうのが得意じゃのぉ。進行形なんていうのもそうじゃな。

S 樹 ： 現在形だけしかないと、今やってることなのか、習慣としてやってることなのかが区別できないから、形ではっきりわかるようにしてるんだ。おじいちゃんからもらった estar っていう動詞がこのニュアンスを表すのにぴったりだから、使わせてもらってるよ。

I 美 ： 私も同じね。私は同じ語源の stare を S 樹ほど使わないけど、進行形では使うわね。とっても便利よ。でも F 奈には進行形がないのね。

F 奈 ： 私はおじいちゃんの stare を使ってないから、進行形を作れないの。でも一応それにあたる別の表現はあるから、進行中ってことを表すことはできるわ。S 樹みたいに be 動詞を２つに分けて使うのは面倒だわ。

I 美 ： そうね。私も２つ持ってるけど、S 樹みたいには使い分けを徹底してはいないわね。おじいちゃんの stare はかなり使い方が限られていたようだし、私も essere のほうをメインにして、ポイントポイントで stare を使ってるわね。

S 樹 ： 僕はそこらへんの使い分けをきちっと整理したんだ。今食べたパエリャがおいしいことと、パエリャ一般がおいしい料理だってことを、estar と ser で表現しわけられるからね。

F 奈 ： なるほど。そう言えば、私たちみんな「〜できる」っていう言い方を２種類持ってるわね。能力としてできるのか、状況として可能なのかっていう意味を、savoir と pouvoir だけで区別して表現できるわ。これも動詞の使い方を整理したからできるんだわ。けっこう素敵かも。

L麻呂：わしから引き継いだものに新しいアイディアを吹き込んで、便利な表現
を作り出しているのじゃな。なかなか大した工夫じゃわい。

スペイン語　ser, estar, saber, poder を使って正しく表現しよう

（われら、エビが入っているから）
paella はおいしいのだ

ser

出された paella は
おいしかった

estar

（また失敗した）
私は paella を作れない…

saber

（サフランもムール貝もない）
今日から paella を作れない…

poder

♪67

フ
ラ
ン
ス
語

F

C'est une grande maison.
セチュヌ　　　　　　グランドゥ　　　　　メゾン

Cette maison a huit pièces.
セットゥ　　　メゾン　　ア　ゆイ　　ピエス

ス
ペ
イ
ン
語

S

Esta es una gran casa.
エスタ　エス　ウナ　　グラン　**カ**サ

Esta casa tiene ocho piezas.
エスタ　　**カ**サ　ティ**エ**ネ　**オ**チョ　ピエさス

イ
タ
リ
ア
語

I

Questa è una gran casa.
ク**エ**スタ　エ　ウナ　グラン　**カ**ーザ

Questa casa ha otto stanze.
ク**エ**スタ　　**カ**ーザ　ア　**オ**ット　ス**タ**ンツェ

1つめの文の主語は「これ」という意味の指示代名詞です。2つめの文では、主語の名詞「家」に「この」を表す指示形容詞がついています。いずれも英語の this にあたる語です。指示形容詞を使うと、定冠詞よりも特定の人やモノを指すというニュアンスが強く出ます。指示詞は、指でモノを指しながら使える大変便利な語です。

c'est ▶ 指示代名詞 ce と動詞 est がエリジョンでつながったもの
cette ▶ この（指示形容詞女性単数形）
pièces ▶ 部屋（女性名詞複数形）

形容詞 grand が名詞の前に置かれると、「大きい」という意味だけでなく「りっぱな」という主観的なニュアンスが加わります。

esta ▶ これ（指示代名詞女性単数形）
esta ▶ この（指示形容詞女性単数形）
piezas ▶ 部屋（女性名詞複数形）

形容詞 grande は男女同形ですが、単数名詞の前に置かれるときは gran と短い形になるのでしたね。

questa ▶ これ（指示代名詞女性単数形）
questa ▶ この（指示形容詞女性単数形）
stanze ▶ 部屋（女性名詞 stanza の複数形）

やはり形容詞 grande は男女同形ですが、単数名詞の前に置かれるときはスペイン語のように gran と短い形になることもあります。

この例のように、「持っている」という意味の avoir, tener, avere はモノを主語にすることがよくあります。日本語ではこのような場合、「ある」という自動詞を使うのがふつうですね。英語もそうですが、西ヨーロッパの言語では他動詞の主語にモノを表す名詞がくる、いわゆる無生物主語構文が会話でもよく使われます。

指 示 詞

指示詞とは「これ」や「その」など

日本語の「これ」や「その」、英語の this, that などにあたる語を「指示詞」と呼びます。指示詞には、日本語の「これ」「それ」のように単独で使われる「指示代名詞」と、「この」「その」のように名詞の前に置かれる「指示形容詞」があります。英語では指示代名詞と指示形容詞が同じ形で、スペイン語もそうなのですが、フランス語とイタリア語は形が違う場合があります。それぞれの言語ごとに指示詞を見ていきましょう。

★ F フランス語

フランス語では、日本語や英語と違い、話者からの距離によって指示詞の形を「これ」「それ」のように区別することが必須ではなく、同じ形が使われるのがふつうです。

◆ 指示代名詞

性・数によって形が変わらないものがいちばん多く使われます。これを「中性の指示代名詞」と呼びます。cela、あるいはより口語的な ça が基本ですが、être の主語として使われるときはキーセンテンスのように ce という形が使われます。人やモノだけではなく、文の内容などの事柄を表すこともできます。

Je prends ça.「私はこれにします。」
じゅ　ぷらん　サ

Ce n'est pas si important.「そのことはそんなに重要ではない。」
ス　ネ　パ　スィ　アンポルたん

指し示すモノや人の性・数に合わせて変化する指示代名詞もあります。

男性単数	男性複数	女性単数	女性複数
celui スりゅイ	**ceux** す	**celle** せる	**celles** せる

これらは単独で使われることはなく、ほかの語とセットで使われます。会話でよく使われるのは、話者からの距離を表す接辞がついたものです。話者の近くにある「これ」を表す接辞は -ci、話者から離れている「それ、あれ」を表す接辞

は -là です。

Je préfère celui-ci à celui-là.「私はそれよりもこれのほうがいい。」
じゅ　プレフェール　スリュイスィ　ア　スリュイら

◆ 指示形容詞

　指示形容詞は、修飾する名詞の性・数に合わせて必ず変化します。話者からの距離による区別はありません。

男性単数		女性単数	複数
子音の前	母音の前		
ce	cet	cette	ces
ス	ゼットゥ	セットゥ	セ

※ここでの母音には、無音のhも含みます。

　母音や無音の h で始まる語の前では、cet と ces にはリエゾンが、また cette にはアンシェヌマンが必ず生じます。

> **ce spectacle**「このショー」　**ces spectacles**「これらのショー」
> ス　　スペクタクる　　　　セ　　スペクタクる
>
> **cet avion**「この飛行機」　**ces avions**「これらの飛行機」
> セタヴィヨン　　　　　　セザヴィヨン
>
> **cette fête**「このパーティー」　**ces fêtes**「これらのパーティー」
> セットゥ　フェットゥ　　　　　セ　フェットゥ
>
> **cette activité**「この活動」　**ces activités**「これらの活動」
> セタクティヴィテ　　　　　　セザクティヴィテ

　話者からの距離を特に区別して表したい場合には、指示代名詞のときと同じ接尾辞を名詞につけます。

ces mois-ci「ここ数か月」　**cette année-là**「あの年」
セ　ムワスィ　　　　　　セタネら

★ S スペイン語

　スペイン語では、日本語と同じように話者からの距離によって「これ」「それ」「あれ」を区別します。また、指示代名詞と指示形容詞が基本的に同じ形なので、比較的簡単です。

性・数によって形を変える指示代名詞は指示形容詞と同形で、下の表の通りです。

	男性単数	男性複数	女性単数	女性複数
これ、この	este エステ	estos エストス	esta エスタ	estas エスタス
それ、その	ese エセ	esos エソス	esa エサ	esas エサス
あれ、あの	aquel アケル	aquellos アケジョス	aquella アケジャ	aquellas アケジャス

いずれも男性単数形が -o で終わらない点に注意しましょう。以下は指示代名詞の例です。

Prefiero este a aquel.「私はあれよりもこれのほうがいい。」
プレフィエロ　エステ　ア　アケる

指示形容詞の例も見ておきましょう。

este mes 「今月」　　　　　　　estos meses 「ここ数か月」
エステ　メス　　　　　　　　　エストス　メセス

esta semana 「今週」　　　　　estas semanas 「ここ数週間」
エスタ　セマナ　　　　　　　　エスタス　セマナス

ese avión 「その飛行機」　　　esos aviones 「それらの飛行機」
エセ　アビオン　　　　　　　　エソス　アビオネス

esa fiesta 「そのパーティー」　esas fiestas 「それらのパーティー」
エサ　フィエスタ　　　　　　　エサス　フィエスタス

aquel espectáculo 「あのショー」
アケれスペクタクろ

aquellos espectáculos 「あれらのショー」
アケジョセスペクタクろス

aquella actividad 「あの活動」　aquellas actividades 「あれらの活動」
アケジャ　アクティビダ　　　　　アケジャサクティビダデス

性・数によって形が変わらない中性の指示代名詞はスペイン語にもあり、「これ」が esto、「それ」が eso、「あれ」が aquello となります。これらは、指すモノの性・数がわからないときや、モノではなく文の内容などの事柄を表すときに使います。

Esto no es tan importante.「このことはそんなに重要ではない。」
エスト　ノ　エス　タニンポルタンテ

★ 1 イタリア語

　イタリア語の指示詞がいちばん複雑です。基本的に指示代名詞と指示形容詞は同じ形なのですが、指示形容詞はいろいろと形が変わる場合があります。冠詞もそうですが、イタリア語では名詞の前に置かれる語が次の語の最初の音に合わせて形を変えるのです。話者からの距離については、近くのものと遠いものを区別します。英語と同じですね。

◆ 指示代名詞

　指示代名詞は簡単で、スペイン語と同じように指し示すモノや人の性・数に合わせて形が変わります。

	男性単数	男性複数	女性単数	女性複数
これ	questo クエスト	questi クエスティ	questa クエスタ	queste クエステ
それ、あれ	quello クエぅろ	quelli クエぅり	quella クエぅら	quelle クエぅれ

Preferisco questo a quello.「私はそれよりもこれのほうがいい。」
プレフェ**リ**スコ　　クエスト　ア　クエ**ぅ**ろ

　イタリア語には中性の指示代名詞専用の形はなく、事柄を表す場合などは男性単数形を使います。

Questo non è così importante.「このことはそんなに重要ではない。」
ク**エ**スト　　ノ**ネ**　コ**ズィ**　インポル**タ**ンテ

◆ 指示形容詞

　指示形容詞は修飾する名詞の性・数に合わせて変化します。「この」は指示代名詞「これ」とまったく同じ形になります。

questo mese「今月」 クエスト　メーゼ		**questi mesi**「ここ数か月」 クエスティ　メーズィ	
questa settimana「今週」 ク**エ**スタ　セッティ**マ**ーナ		**queste settimane**「ここ数週間」 ク**エ**ステ　セッティ**マ**ーネ	

母音で始まる語の前では、語末の母音が落ちることがあります。特によく使う表現に見られます。

> **quest'anno**（=questo anno）「今年」
> クエスタンノ
>
> **quest'estate**（=questa estate）「この夏」
> クエステスターテ

「その、あの」は次の語の最初の音によっても形が変わります。定冠詞と同じですね。男性と女性に分けて見ていきましょう。

男性

次の語の最初の音	単数	複数
z、s ＋子音など	quello クエぅろ	quegli クエぃり
それ以外の子音	quel クエる	quei クエイ
母音	quell' クエぅる	quegli クエぃり

女性

次の語の最初の音	単数	複数
子音	quella クエぅら	quelle クエぅれ
母音	quell' クエぅる	

語末の部分を見ると、定冠詞と形が似ていることがわかると思います。

> **quello spettacolo**「そのショー」　　**quegli spettacoli**「それらのショー」
> クエぅろ　　　スペッターコろ　　　　　クエぃり　　スペッターコリ
>
> **quel tassì**「そのタクシー」　　　**quei tassì**「それらのタクシー」
> クエる　　タッスィ　　　　　　　　クエイ　　タッスィ
>
> **quell'aereo**「その飛行機」　　　**quegli aerei**「それらの飛行機」
> クエぅらエーレオ　　　　　　　　　クエぃりアエーレイ
>
> **quella festa**「そのパーティー」　　**quelle feste**「それらのパーティー」
> クエぅら　フェスタ　　　　　　　　クエぅれ　　フェステ
>
> **quell'attività**「その活動」　　　**quelle attività**「それらの活動」
> クエぅらッティヴィタ　　　　　　　クエぅれ　　アッティヴィタ

　指示詞が使えると、ジェスチャーに加えて言葉で正確に指せるようになり、コミュニケーション力がぐっと高まります。日常的に指さして練習するなど、繰り返して口に出すことでマスターしていってください。

— ことわざ⑭  ♪68

「大海の一滴」

F C'est une goutte d'eau dans la mer.
　セチュヌ　　　　グットゥ　　　ド　　だん　ら　メール

S Es una gota de agua en el mar.
　エスナ　　　ゴタ　デ　アグワ　エネる　マル

I È una goccia d'acqua nel mare.
　エ　ウナ　　ゴッチャ　　ダックワ　ネる　マーレ

　3言語で同じ意味を表す文となっていて、「それは海の中の一滴の水である」、つまり「大海の一滴」という表現です。フランス語だけこの課で出てきた指示代名詞が主語となっていて、ほかの言語では主語は省略されています。イタリア語のd'acquaはdi acquaが縮まった形で、このような定型表現などでは、母音の前でdiのiが落ちることがよくあります。

　広大な海とわずか一滴の水というスケールの違いを表現することによって、とるに足らない量であるということを表しています。日本語では「九牛の一毛」とも言いますね。

ネコたちのおしゃべり⑩

L麻呂：わしも指示詞は持っているが、お前たちのものを見るといろいろと違っているのお。わしは指示形容詞は指示代名詞とまったく同じ形を使うし、種類も話し手に近いもの、聞き手に近いものと離れているものを区別する3種類じゃが、これを引き継いでいるのはS樹だけじゃな。

I美：私はいつも言ってるようにおじいちゃんが大好きだから、基本的にはおじいちゃんのものをそのまま使ってるんだけど、指示詞については話し手に近いものと遠いものの2種類にしちゃったわ。3種類はちょっと多いかなって感じがするの。名詞の前に置く指示形容詞も、発音しやすいように指示代名詞と違う形にちょっとアレンジしてるわ。私は音の響きのきれいさを大事にしてるのよね。

S樹：僕は2種類だけだとやっぱり聞いてる人がわかりにくいと思って、聞き手に近いものと遠いものも区別できるようにおじいちゃんの3種類を守ってるよ。これは聞き手にとってはとても親切で、僕らとは縁遠いしほとんどつき合いのない日本語もそうなってるよ。

F奈：私のほうはちょっと複雑ね。話し手からの距離では区別しないようにしたの。おじいちゃんと違って形容詞と代名詞もお互い違う形になったわ。私は名詞の前につける形を長々と言うのは落ち着かないと思うのね。でも、話し手からの距離を示さないと聞き手にわかりにくい場合は、場所が近い遠いを表す短い語尾をつけて表すことができるようにはしてるのよ。そんなにしょっちゅうは使わないけどね。
　ところで指示形容詞と指示代名詞を形で区別すると、聞いてる人にとっては親切かなって思うんだけど、みんなはそんなに不便さを感じないの？

S樹 ：いろいろ形があり過ぎるのも、使うときに面倒だからね。名詞が続くときは形容詞で、そうじゃないときは代名詞って決まってるんだから区別しなくちゃいけないってもんでもないと思うな。

I美 ：指示詞って何を指しているか聞き手に特に注意を払ってほしいということを伝えるためのものだから、冠詞とか人称代名詞なんかと紛らわしくない形だってことも大事かもね。

L麻呂：なるほど。よく使うものだからこそ、それぞれのやり方で整理してきたということじゃな。ここにもそれぞれの個性が出ていておもしろいのぉ。

「君 は ど こ へ 行 く の ？」
「今 日 は 何 を す る の ？」

フランス語

F

Tu vas où ?
チュ　ヴァ　<u>ウ</u>

Qu'est-ce que tu vas faire aujourd'hui ?
ケ　　ス　ク　チュ　ヴァ　フェール　　オジュルデュイ

スペイン語

S

¿Adónde vas?
アドンデ　　　　バス

¿Qué vas a hacer hoy?
ケ　　バサ　　アゼル　　オイ

イタリア語

I

Dove vai?
ドーヴェ　　**ヴァーイ**

Che cosa fai oggi?
ケ　　コーザ　**ファーイ**　**オッジ**

英語の where と what にあたる疑問詞を用いた疑問文です。英語のように疑問詞は文頭に置くのが基本ですが、フランス語では動詞の後ろに置く語順も会話ではよく見られます。動詞の後ろに疑問詞を置くときは、文末を上げるイントネーションで発音します。1つめの文は、疑問を表す est-ce que を使って、Où est-ce que tu vas ? とも言います。

où ▸ どこへ、どこで　qu'est-ce que ▸ 何を
aujourd'hui ▸ 今日

aller「行く」に不定詞をつけると、英語の be going to のように、近い未来のことや、これからするのが確実なことを表します。会話では、未来のことを表すのにもっともよく使われる表現です。

adónde ▸ どこへ　qué ▸ 何　hoy ▸ 今日

フランス語と同じように ir「行く」に不定詞をつけると、会話でよく使われる未来を表す表現になります。スペイン語では、不定詞の前に前置詞 a をつけることを忘れないようにしましょう。

dove ▸ どこへ、どこで　che cosa ▸ 何　oggi ▸ 今日

フランス語やスペイン語、英語と違って、イタリア語の andare「行く」には未来を表す用法がありません。近い未来のことや、するのが確実なことを表すには、現在形を使えば OK です。

スペイン語では、「どこへ」という目的地を表す場合と「どこで」という場所を表す場合で疑問詞の形を区別しなければなりません。場所を表すのは dónde です。目的地を表す adónde は前置詞 a と dónde をくっつけた語ですが、a dónde と前置詞 a を離して書くこともあります。フランス語とイタリア語では、どちらの場合も同じ形を使います。

疑　問　詞

「何」「どこ」などの疑問詞

　「何」「どこ」など、知らない情報を尋ねるのが「疑問詞」です。会話をとぎれないようにするためにはとても大切な表現です。「どこ」についてはキーセンテンスで説明したので、それ以外について疑問詞ごとにまとめて見ていくことにします。

★「何」

　英語の what にあたりますが、フランス語は少々複雑です。文頭に置く場合には est-ce que もしくは est-ce qui をつけた形にします。キーセンテンスで出てきた qu'est-ce que は直接目的語や第 2 文型の C にあたる属詞として、qu'est-ce qui は主語として使います。前置詞の目的語には quoi という形を使います。くだけた会話表現では、前置詞のついた quoi は動詞の後に置きます。

F Qu'est-ce qui arrive ?「どうしたの？（何が起きたの？）」
ケ　　ス　キ　アリーヴ

F Tu penses à quoi ?「何を考えてるの？」
チュ　ぱんス　ア　クワ

　直接目的語や属詞となるものを尋ねる場合も動詞の後に置くことができますが、この場合も quoi という形になります。

F Tu cherches quoi ?「何を探してるの？」
チュ　シェルシュ　クワ

F C'est quoi ?「これは何？」
セ　クワ

　スペイン語では、どんな場合も qué を使います。スペイン語では、疑問詞にはすべてアクセント記号がつきます。主語を省略しない場合、疑問詞を使う疑問文では主語は動詞の後に置きます。

S ¿Qué pasa?「どうしたの？」
ケ　　バサ

S ¿Qué es esto?「これは何？」
ケ　エス　エスト

S ¿En qué piensas?「何を考えてるの？」
エン　ケ　ピエンサス

　イタリア語では、「何」を表す疑問詞は本来は che ですが、キーセンテンスで出てきたように、cosa「モノ、こと」という名詞をつけて che cosa「どんなもの、どんなこと」という形がよく使われます。くだけた会話では、cosa だけでも「何」という意味を表します。スペイン語と同じように、主語を省略しない場合、疑問詞を使う疑問文では主語は動詞の後に置きます。

Ⅰ Che cosa succede?「どうしたの？（何が起きたの？）」
　　ケ　　コーザ　　スッ**チェ**ーデ

Ⅰ Che cos'è questo? / Cos'è questo?「これは何？」
　　ケ　コ**ぜ**　クエスト　　コ**ぜ**　ク**エ**スト

※ cosa の語末の母音は è の前で落ちることがあります。

Ⅰ A che pensi?「何を考えてるの？」
　　ア　ケ　　**ペ**ンスィ

★「誰」

　英語の who にあたる語で、フランス語では qui、スペイン語では quién、イタリア語では chi です。
　　　　　　　　　　　　　　　キ　　　　　　　　　　　キ**エ**ン
「あなたは誰の話をしているんですか？」
　　　　　　　　　キ

Ｆ Vous parlez de qui ?
　　ヴ　　　パルれ　ドゥ　キ

Ｓ ¿De quién habla usted?
　　デ　　キ**エ**ン　**ア**ブら　　ウス**テ**

Ⅰ Di chi parla Lei?
　　ディ　キ　**パ**ルら　**れ**ーイ

「今晩誰が来ますか？」

Ｆ Qui vient ce soir ?
　　キ　　ヴィヤン　ス　スワール

Ｓ ¿Quién viene esta noche?
　　キ**エ**ン　　ビ**エ**ネ　**エ**スタ　**ノ**チェ

Ⅰ Chi viene questa sera?
　　キ　ヴィ**エ**ーネ　クエ**スタ**　**セ**ーラ

※現在形は近い未来のことを表すのにも使えます。

★「いつ」

英語の when にあたる語で、フランス語ではquand、スペイン語では cuándo、イタリア語では quando です。
「いつリスボンに出発するの？」

F Quand est-ce que tu pars pour Lisbonne ?
かんテ　　　ス　ク　チュ　パール　プル　　リズボンヌ

S ¿Cuándo sales para Lisboa?
クワンド　サれス　　バラ　リスボア

I Quando parti per Lisbona?
クワンド　パルティ　ペル　リズボーナ

★「どう、どのようにして」

英語の how にあたる語で、フランス語ではcomment、スペイン語では cómo、イタリア語では come です。
「私たちは北京にはどうやって行くのですか？」

F Comment est-ce que nous allons aller à Pékin ?
こまん　　　エ　ス　ク　ヌザろン　アれ　ア　ペキャン

S ¿Cómo vamos a ir a Pekín?
コモ　　バモサ　イラ　ペキン

I Come andiamo a Pechino?
コーメ　アンディヤーモ　ア　ペキーノ

★「なぜ」

英語の why にあたる語で、フランス語では pourquoi、スペイン語ではpor qué、イタリア語では perché です。
「その学生はなぜいつも遅れてくるんだろう？」

F Pourquoi est-ce que cet étudiant arrive toujours en retard ?
プルクワ　　エ　ス　ク　セテチュディやん　アリーヴ　トゥじゅール　あん　ルタール

S ¿Por qué siempre llega tarde ese estudiante?
ポル　ケ　スィエンプレ　ジェガ　タルデ　エせ　エストゥディアンテ

I Perché arriva sempre in ritardo quello studente?
ペルケ　アルリーヴァ　センプレ　イン　ルリタルド　クエぅろ　ストゥデンテ

168

★「どんな、どの」

英語の what にあたる語で、フランス語ではquel、スペイン語ではqué、イタリア語では che です。quel は性・数によってつづりが変化し、女性単数 quelle、男性複数 quels、女性複数 quelles と書きますが、発音は変わりません。ただし、複数形の -s は次に母音で始まる語がくるとリエゾンが生じます。

「あなたはどの新聞を読みますか？」

F Quel journal lisez-vous ?
ケる　　　じゅルナる　　リゼ　　ヴ

S ¿Qué periódico lee usted?
ケ　　　ペリオディコ　れエ　　ウステ

I Che giornale legge Lei?
ケ　　ジョルナーれ　れッジェ　れーイ

★「いくつの、どれくらいの」

英語の how many / how much にあたる語で、フランス語では前置詞をつけて combien de、スペイン語では cuánto、イタリア語では quanto です。
コンビヤン　ドゥ　　　　　　　　　クワント　　　　　　　　　　　クワント
スペイン語とイタリア語では修飾する名詞の性・数に合わせて次のように形が変化します。

	男性単数	男性複数	女性単数	女性複数
スペイン語	cuánto クワント	cuántos クワントス	cuánta クワンタ	cuántas クワンタス
イタリア語	quanto クワント	quanti クワンティ	quanta クワンタ	quante クワンテ

「君は1日に何時間寝るの？」

F Tu dors combien d'heures par jour ?
チュ　ドール　　コンビヤン　　ドゥール　　　パル　じゅール

S ¿Cuántas horas duermes al día?
クワンタソラス　　　ドゥエルメス　　ある　ディア

I Quante ore dormi al giorno?
クワンテ　　オーれ　　ドルミ　ある　ジョルノ

169

感嘆文

感嘆文は、英語と同じように疑問詞を使って作るのが基本です。英語の what のように名詞が続くものと、how のように文が続くものがあります。前者にはフランス語はquel、スペイン語はqué、イタリア語はcheを使い、後者にはフランス語は qu'est-ce que や接続詞 comme、スペイン語は cómo、イタリア語は come を使うのが一般的です。語順は、スペイン語とイタリア語では、主語を最後に置くのがふつうです。スペイン語では、疑問文と同じように文頭に感嘆符を逆さにした記号を綴る点にも注意しましょう。

「なんて暑さだ！」

F Quelle chaleur !
ケる　　シャるぅーる

S ¡Qué calor!
ケ　　カろル

I Che caldo!
ケ　　**カ**るド

「なんてこの子はかわいいんだろう！」

F Qu'est-ce qu'elle est jolie, cette petite fille !
ケ　ス　ケれ　　　　じょり　セットゥ　プティットゥ　フィーユ

※フランス語では、動詞の前に主語人称代名詞を置き、主語を表す名詞を最後に置く語順がよく見られます。

S ¡Qué linda es esta niña!
ケ　**リ**ンダ　エス　**エ**スタ　ニィニャ

※スペイン語では名詞・形容詞・副詞を特に強調したいときは qué を使い、qué の後に強調したい語を続けます。

I Come è bella questa bambina !
コーメ　エ　**べ**ぅら　クエスタ　　バンビーナ

「時が過ぎるのはなんて早いんだろう！」

F Comme le temps passe vite !
コム　　る　　たん　　パス　　ヴィットゥ

S ¡Cómo pasa rápido el tiempo!
コモ　　パサ　るラピド　エる　ティエンポ

I Come passa rapido il tempo!
コメ　　パッサ　るラピド　いる　**テ**ンポ

— ことわざ⑮　　　　　　　　　　　　　　　　　　　　♪70

「人を見て法を説け」

F Selon les gens, l'encens.
スろン　　　れ　じゃん　　　　らんさん

S Como canta el abad responde el
コモ　　　　**カンタ**　　　エらバ　　　ルレスポンデ　　エる

sacristán.
サクリス**タン**

I Risponde il frate come l'abate canta.
ルリス**ポンデ**　　イる　フラーテ　**コーメ**　　らバーテ　　**カンタ**

　「相手に合わせて対応を変えていくのがよい」ということを表すことわざです。スペイン語とイタリア語は、「司祭の歌い方に助手の修道士が合わせる」という意味を表す文です。フランス語は動詞がない名詞文で、「それぞれの人にそれぞれのお世辞」という意味です（古典的な表現です）。

　イタリア語の come はこの課で習った疑問詞ですが、ここでは「〜する通りに、〜するように」という接続詞として使われています。スペイン語の como は疑問詞と発音は同じですが、接続詞なのでアクセント記号がついていません。como や come はいろいろな使われ方をするので、例文で慣れるようにするのがよいでしょう。

ネコたちのおしゃべり⑪

I 美 ： 私たちって、どうして疑問詞を文の最初に置くのかしら。最初に置かない言語もあるって聞いたけど。

L 麻呂： 疑問詞というのは、話し手がいちばん知りたいと思っていることを表す語だからじゃよ。いちばん知りたい情報が何かを最初に伝えて、尋ねられた人がわかりやすいようにするんじゃな。わしらの親戚にあたるヨーロッパの言語ではたいていそうなってるようじゃの。

S 樹 ： でも F 奈は疑問詞を前に置かないこともよくあるようだね。

F 奈 ： 特に話し言葉ではそうね。私は文とか語のまとまりの最後にくる語を強く発音する癖があるのね。相手に伝えたい語を文の最後に置いて強く発音するのも、こっちの意図が伝わりやすいでしょ。でもどちらかというと、もう何かをすることが決まっていて、それが誰に対してかとか、何についてか、いつか、どこかっていう情報を聞き出したいっていうニュアンスが強くなるわね。そのことをするかどうかもわかっていない場合には、やっぱりみんなと同じように疑問詞を文の最初に置くかな。

I 美 ： そういえば、私たちみんな、感嘆文を作るときに疑問詞を使うことが多いわよね。これはなぜかしら。

S 樹 ： おじいちゃんの話だと、疑問詞は知りたいことをはっきり表す語だから、疑問詞を使えば聞いている人に強い印象を与えるよね。「美しい！」よりも「どれだけ美しいんだ？」と相手に考えさせるほうが、美しさが極まっていることを伝えられるんだね。これはヨーロッパの言語に限ったことじゃないのがおもしろいよね。

L麻呂: そうじゃな。1つの表現を、関連するいろんな意味で使えることを多義
性と呼ぶんじゃが、このおかげで言語というのは単語の数をやたらと増
やさずにすんでいるわけじゃ。これもあるものを賢く利用する知恵と言
えるのぉ。

会話をするとき、動詞の原形は見えません

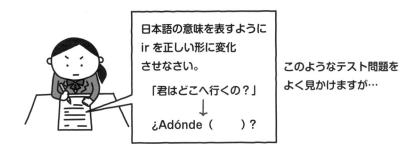

日本語の意味を表すように
ir を正しい形に変化
させなさい。

「君はどこへ行くの？」
　　　　↓
¿Adónde （　　　）?

このようなテスト問題を
よく見かけますが…

会話のとき、動詞の原形を教えてくれる人は誰もいません。
動詞の活用を覚えるには反復練習あるのみ！です。

「この方法は
何の役にも立たない。」

♪71

フランス語

F **Cette méthode ne sert à**
セットゥ　　　　　メトッドゥ　　　ヌ　　セール　　ア

rien.
リヤン

スペイン語

S **Este método no sirve para**
　エステ　　　　メトド　　　　ノ　　スィルベ　　　パラ

nada.
ナダ

イタリア語

I **Questo metodo non serve**
　クエスト　　　　メートド　　　　ノン　　　セルヴェ

a niente.
ア　　ニエンテ

英語の nothing にあたる語を用いた文です。この語を使うと否定文になります
が、英語と違い、否定を表す not にあたる語を動詞の前に置く必要がありま
す。日本語の「何も」にあたる rien, nada, niente は、不定代名詞という
品詞に分類されます。不定代名詞は会話でも大変よく使われるので、使い方を
覚えるととても便利です。

méthode ▶ **方法（女性名詞）**
sert ▶ **役立つ（servir の 3 人称単数）**　rien ▶ **何も（〜ない）**

servir は「〜に役立つ」という意味のときは、前置詞 à と一緒に使われます。méthode は女性名詞なので、「この」という指示形容詞は cette を使います。

método ▶ **方法（男性名詞）**
sirve ▶ **役立つ（servir の 3 人称単数）**　nada ▶ **何も（〜ない）**

servir は「〜に役立つ」という意味のときは、前置詞 para と一緒に使われます。método は男性名詞なので、「この」という指示形容詞は este を使います。

metodo ▶ **方法（男性名詞）**
serve ▶ **役立つ（servire の 3 人称単数）**　niente ▶ **何も（〜ない）**

servire は「〜に役立つ」という意味のときは、前置詞 a と一緒に使われます。metodo は男性名詞なので、「この」という指示形容詞は questo を使います。

「方法」を表す語はいろいろありますが、ここで出てきた語がいちばんはっきりとこの意味を表すと言えます。ほかに「手段」を意味する moyen, medio, mezzo、「やり方、様式」などを意味する mode, modo, modo や「やり方、流儀」などを表す manière, manera, maniera などがあります。実際の例文でそれぞれの語の使い方に慣れるのがよいでしょう。

不定代名詞

「誰か」「何か」などを表す不定代名詞

「不定代名詞」とは、不特定の人やモノを指す「誰か」「何か」などを表す語です。誰であるかをはっきり言えない、あるいは言いたくない、何であるかをぼかして言いたい、などのような場合にとても便利です。ここではよく使われる代表的な不定代名詞を学びます。

★「誰か」

英語の someone にあたる語で、フランス語では quelqu'un、スペイン語では alguien、イタリア語では qualcuno です。
「居間に誰かいますか。」

F Il y a quelqu'un dans la salle de séjour ?
イリヤ　　　　ケルキャン　　ダン　ら　　サる　　ドゥ　セじゅール

S ¿Hay alguien en la sala?
アイ　　　**ア**るギエン　　エン　ら　　**サ**ら

I C'è qualcuno in soggiorno?
チェ　　クワる**ク**ーノ　　イン　　　ソッ**ジョ**ルノ

★「何か」

英語の something にあたる語で、フランス語ではquelque chose、スペイン語では algo、イタリア語では qualcosa です。
「私は何か飲み物が必要です。」

F J'ai besoin de quelque chose à boire.
じぇ　　ブズワン　　ドゥ　　　ケるクショーザ　　　　ブワール

※ avoir besoin de 〜「〜が必要である」

S Necesito algo que beber.
ネセ**スィ**ト　　**ア**るゴ　　ケ　　　ベベル

※ necesitar 〜「〜が必要である」

I Ho bisogno di qualcosa da bere.
オ　　ビ**ゾ**ニョ　　ディ　　クワる**コ**ーザ　　ダ　　ベーレ

※ avere bisogno di 〜「〜が必要である」

176

★「誰も〜ない」

英語の nobody, no one にあたる語で、フランス語では personne、スペイン語では nadie、イタリア語では nessuno です。3言語とも否定を表す語が動詞の前に必要となりますが、スペイン語とイタリア語では、nadie, nessuno が動詞の前にくる場合には否定を表す no, non が省かれます。フランス語では personne が否定の意味も含んでいるので、否定語は ne だけで pas は使いません。

「誰も建物から出ない。」

F Personne ne sort des immeubles.
ペルソンヌ　ヌ　ソール　デズィむーぶる

S Nadie sale de los edificios.
ナディエ　サれ　デ　ろセディフィすィオス

I Nessuno esce dagli edifici.
ネッスーノ　エッシェ　ダぃりエディフィーチ

※ edifici は edificio「建物（男性名詞）」の複数形

★「何も〜ない」

キーセンテンスで出てきた表現ですね。3言語とも否定を表す語が必要となりますが、スペイン語とイタリア語では、nada, niente が動詞の前にくる場合には否定を表す no, non が省かれます。

「無駄なものは何もない。」

F Rien n'est inutile.
リヤン　ネ　イニュティる

S Nada es inútil.
ナダ　エスィヌティる

I Niente è inutile.
ニエンテ　エ　イヌーティれ

★「すべてのもの」「すべての人」

英語の all にあたる語で、性・数によって形が変わります。男性単数形はフランス語で tout、スペイン語で todo、イタリア語で tutto となり、「すべてのもの、全部」という意味を表します。男性複数形はフランス語で tous、スペイン語で todos、イタリア語で tutti となり、「すべての人」という意味を表します。

「私は全部わかる。」

F Je comprends tout.
じゅ　　コンプラん　　トゥ

S Entiendo todo.
エンティエンド　　トド

I Capisco tutto.
カピスコ　　トゥット

「みなさん歓迎です。」

F Tous sont bienvenus.（Tout le monde est bienvenu.）
トゥス　　ソン　　ビヤンヴニゅ　　　トゥ　　る　　モンドゥ　　エ　　ビヤンヴニゅ

※日常的には tout le monde という表現を使う方がふつうです。こちらは単
　数扱いです。

S Todos son bienvenidos.
トドス　　ソン　　ビエンベニドス

I Tutti sono benvenuti.
トゥッティ　ソーノ　　ベンヴェヌーティ

178

— ことわざ⑯   ♪72

「各人は自分のために、神は万人のために」

F Chacun pour soi et Dieu pour tous.
シャキャン　　　プル　　スワ　エ　　ディゥ　　　プル　　　トゥス

S Cada uno para sí y Dios para todos.
カダ　　ウノ　　　パラ　スィ　イ　ディオス　パラ　　トドス

I Ognuno per sé e Dio per tutti.
オンニューノ　　　ベル　セ　エ　ディーオ　ベル　トゥッティ

　３言語で同じ意味を表す文となっていて、「各人が自分のことをきちんとやっ
てさえいれば、あとは神様が面倒を見てくれるので、みんながうまく行く」とい
うことを表しています。不定代名詞の「それぞれ、各人」という語と、この課で
学んだ「すべての人、みんな」という語が使われています。スペイン語には「各
人」を表す不定代名詞がないので、「一般の人」を意味する不定代名詞 uno に、
次の課で出てくる「それぞれの」という不定形容詞 cada をつけて表します。
　このように動詞がない文はことわざによく見られ、語呂がよく、声に出して読
むとリズム感が感じられます。

「何かよい解決策が 見つかればよいと思います。」

♪73

フ
ラ
ン
ス
語

F

J'espère trouver quelque
じェスペール　　　　トゥ**ル**ヴェ　　　　ケるク

bonne solution.
ボンヌ　　　　　ソりゅスィヨン

ス
ペ
イ
ン
語

S

Espero encontrar alguna
エスペロ　　　　　エンコントゥ**ラ**ル　　　ある**グ**ナ

buena solución.
ブ**エ**ナ　　　　　ソるすぃ**オ**ン

イ
タ
リ
ア
語

I

Spero di trovare qualche
ス**ペ**ーロ　　ディ　　トゥロ**ヴァ**ーレ　　クワるケ

buona soluzione.
ブ**オ**ーナ　　　　ソるツィ**ヨ**ーネ

英語の some にあたる語を用いた文です。フランス語の quelque とスペイン
語の alguna（女性形）は単数形の名詞につけると「何らかの」という意味に
なりますし、複数形にすると「いくつかの、何人かの」と不定の数を表します。
イタリア語の qualche はどちらの意味でも単数形のままで使い、次に続く名
詞も複数形になることはないので注意しましょう。

espère ▶ 期待する（espérerの1人称単数）
trouver ▶ 見つける　quelque ▶ 何らかの
solution ▶ 解決策（女性名詞）

quelques solutions と複数形にすると、「いくつかの解決策」という意味になります。

espero ▶ 期待する（esperarの1人称単数）　encontrar ▶ 見つける
alguna ▶ 何らかの　solución ▶ 解決策（女性名詞）

alguna の男性形は algún（複数形 algunos）です。algunas soluciones と複数形にすると、「いくつかの解決策」という意味になります。

spero ▶ 期待する（sperareの1人称単数）
trovare ▶ 見つける　qualche ▶ 何らかの
soluzione ▶ 解決策（女性名詞）

qualche soluzione は単数形ながら「いくつかの解決策」と複数の意味を表すこともできるので、文脈で意味が決まってきます。

espérer, esperar, sperare は、動詞の不定詞を続けると「〜することを期待する、〜すればよい」という意味になります。3言語では不定詞の前に英語の to にあたる前置詞をつけることはありません。ただし、このキーセンテンスのように不定詞の意味上の主語が不定詞をとる動詞の主語と同じである場合に、イタリア語では前置詞の di を不定詞の前に置きます。

不定形容詞

数詞以外の量を表す形容詞

　「不定形容詞」とは、名詞の指す人やモノの量や質に関する情報を加える語です。あまり正確ではないだいたいの数や量を表したり、「すべて」や「他の」のように名詞で表されるもの同士の関係を表したりします。ここでは、よく使われる代表的な不定形容詞を学びます。

★「それぞれの」

　英語の each にあたる語で、フランス語は chaque、スペイン語は cada、イタリア語は ogni です。どれも単数形の語が続きます。
「人はそれぞれ違う。」

F Chaque personne est différente.
シャック　　　　ベルソンヌ　　　エ　　ディフェラントゥ

S Cada persona es diferente.
カダ　　　　　ベルソナ　エス　ディフェレンテ

I Ogni persona è diversa.
オンニ　　　　ベルソーナ　エ　ディヴェルサ

★「いくつかの」「何人かの」

　キーセンテンスに出てきた語がこの意味で使われます。フランス語には quelques よりも数が多いニュアンスを持つ plusieurs があります。イタリア語には alcuni（女性形 alcune）という語もあり、「いくつかの」という意味を表します。
「公園に犬が何匹かいる。」

F Il y a plusieurs chiens dans le parc.
イリヤ　　ブリュズィユール　　シヤン　　だん　る　バルク

S Hay algunos perros en el parque.
アイ　　アるグノス　　ベルロス　エネる　バルケ

I Ci sono alcuni cani nel parco.
チ　　ソーノ　アるクーニ　カーニ　ねる　バルコ

★ 「いかなる〜もない」

否定を表す語と一緒に使われる英語の any にあたる語で、フランス語は aucun（女性形 aucune）、スペイン語は ningún（女性形 ninguna）、イタリア語は nessun（女性形 nessuna）です。フランス語では aucun が否定の意味合いを含んでいるので、否定語は ne だけで pas は使いません。

「私はどんな種類のお酒も飲まない。」

F Je ne bois aucune sorte d'alcool.
ジュ　ヌ　ブワ　オキュンヌ　ソルトゥ　だるこる

S No bebo ningún tipo de alcohol.
ノ　ベボ　ニングン　ティポ　デ　アるコオる

I Non bevo nessun genere di alcolici.
ノン　ベーヴォ　ネッスン　ジェーネレ　ディ　アるコーリチ

★ 「すべての」

すでに学んだ英語の all にあたる語ですが、代名詞として使われるほかに形容詞としても使われます。単数形と複数形があり、単数男性・女性、複数男性・女性の順に、フランス語は tout / toute / tous / toutes、スペイン語は todo / toda / todos / todas、イタリア語は tutto / tutta / tutti / tutte となります。定冠詞のついた名詞が続く場合が多く、複数では「すべての〜」、単数では「〜全体」という意味を表します。

「私はすべての小説が読みたい。」

F Je veux lire tous les romans.
ジュ　ヴゥ　リール　トゥ　れ　ロまん

S Quiero leer todas las novelas.
キエロ　れエる　トダス　らス　ノベらス

I Voglio leggere tutti i romanzi.
ヴォぃりょ　れッジェレ　トゥッティ　イ　るロマンヅィ

「私たちは一日中働く。」

F Nous travaillons toute la journée.
ヌ　トゥラヴァヨン　トゥトゥ　ら　じゅルネ

S Trabajamos todo el día.
トゥラバハモス　トド　エる　ディア

I Lavoriamo tutto il giorno.
らヴォリヤーモ　トゥット　イる　ジョルノ

★「他の」

　英語の other にあたる語で、単数・複数の両方で使われます。男性単数形は、フランス語がautre、スペイン語が otro、イタリア語がaltro です。英語の another にあたる「もう一つの」という意味にも使われますが、フランス語とイタリア語では不定冠詞をつけるのにたいして、スペイン語では不定冠詞をつけずに使います。名詞を省略して、代名詞として使うこともできます。

「私たちには別の計画が必要だ。」

F Nous avons besoin d'un autre projet.
ヌザヴォン　　ブズワン　　ダンノトゥル　　プロジェ

S Necesitamos otro proyecto.
ネセスィ**タ**モス　　**オ**トゥロ　　プロ**ジェ**クト

I Abbiamo bisogno di un altro progetto.
アッピ**ヤー**モ　　ビ**ゾ**ンニョ　　ディ　ウ**ナ**るトゥロ　　プロ**ジェ**ット

「他の人たちはこの提案に賛成していない。」

F Les autres ne sont pas d'accord avec cette proposition.
れゾトゥル　　ヌ　ソン　パ　　ダコール　　アヴェック　セットゥ　　プロポズィスィヨン

S Los otros no están de acuerdo con esta propuesta.
ろ**ソ**トゥロス　ノ　エス**タン**　デ　アク**エ**ルド　　コ**ネ**スタ　　プロブ**エ**スタ

I Gli altri non sono d'accordo con questa proposta.
リ**ア**るトゥリ　ノン　　**ソ**ーノ　　ダッ**コ**ルド　　コン　　ク**エ**スタ　　プロ**ポ**スタ

— ことわざ⑰ ♪74

「生者必滅」

🇫 A chaque porc vient la Saint-Martin.
ア　　シャック　　　ポール　　　ヴィヤン　　ら　　　サンマルタン

🇸 A cada puerco le llega su San Martín.
ア　　**カ**ダ　　　プエルコ　　れ　　**ジェ**ガ　　ス　　サン　　マル**ティ**ン

🇮 Ad ogni porcello il suo San Martino.
ア**ド**ンニ　　ポル**チェ**ぅろ　　イる　　スーオ　　サン　　マル**ティー**ノ

　3言語で同じ意味を表す文となっていて、「どの豚にも聖マルチノの日はやっ
て来る」という表現です。昔、キリスト教の聖人である聖マルチノの日に豚を殺
す習慣があったことに由来し、「どんな人にも死ぬ日が訪れる」ということを述
べています。さらに、「豚のように快楽にふける人には、神の審判が下る」とい
う教えも含まれます。

　この課で学んだ「それぞれの」を表す不定形容詞が「どんな〜も」という意味
で使われています。フランス語とスペイン語では「来る」という意味の動詞が使
われていますが、イタリア語では動詞が省略されています。また、スペイン語と
イタリア語では「それぞれの聖マルチノの日」のように所有形容詞が入っていて、
「それぞれの人に対する審判」という意味合いが出ています。

「すぐに出発しなければ いけません。」

♪75

フランス語

F

Il faut partir tout de suite.
イる　フォ　パルティール　トゥ　ドゥ　スゅイットゥ

スペイン語

S

Hay que salir enseguida.
アイ　ケ　サリル　エンセギダ

イタリア語

I

Bisogna partire subito.
ビゾンニャ　パルティーレ　スービト

「〜しなければならない」という意味の文です。3言語とも意味上の主語は、動作を表す動詞の不定詞となっています。フランス語では非人称の代名詞 il が使われていて、非人称構文と呼びます。スペイン語とイタリア語では動詞から文が始まっていて、形式上は主語がないとみなされ、無主語文と呼ばれます。

il faut ▶ 〜しなければならない、〜が必要だ（falloir の3人称単数）
tout de suite ▶ すぐに（熟語）

falloir は非人称構文のみで使われる動詞で、il faut の後には動詞の不定詞の他に、名詞を続けて「〜が必要だ」という意味でも使います。

hay que ▶ 〜しなければならない　**enseguida** ▶ すぐに

hay（haber の3人称単数）は「〜がある」という存在表現で習いましたが、ここでは que の後に動詞の不定詞をつなげて「〜しなければならない」という意味で使われています。

bisogna ▶ 〜しなければならない、〜が必要だ（bisognare の3人称単数）
subito ▶ すぐに

bisognare は名詞を続けて使うこともでき、「〜が必要だ」という意味になります。

「〜しなければならない」という意味を表す動詞としては、devoir, deber, dovere を習いましたが、これらの動詞は人を主語にとり、活用もそれに合わせて変化します。この課で出てきた動詞はいずれも特定の人を主語にすることなく、一般的に「〜しなければならない」という意味を表す表現ですので、区別しましょう。

非人称構文・無主語文

主語の位置に名詞が現れない構文

「非人称構文」とは英語の仮主語 it にあたる代名詞が主語として使われる文で、フランス語だけに見られる構文です。スペイン語とイタリア語では、フランス語の非人称構文にあたる表現は主語が現れない「無主語文」で表されます。英語で非人称構文が使われる表現は、3言語でも非人称構文・無主語文となる場合が多く、日常的によく使われます。このような文で使われる動詞のことを「非人称動詞」と呼びます。

　フランス語の非人称構文では、3人称単数の人称代名詞の il が主語になります。スペイン語とイタリア語では主語が現れず、動詞は3人称単数形になります。

★ 天候を表す表現

「天気がよい／悪い」

　英語では be 動詞を使いますが、3言語では「する」という意味の **F** faire, **S** hacer, **I** fare を使います。**S** tiempo, **I** tempo はここでは「時間」ではなく、「天気」という意味です。

F Il fait beau. / Il fait mauvais.
イル フェ ボ　　イル フェ　モヴェ

S Hace buen tiempo. / Hace mal tiempo.
アせ　ブエン　ティエンポ　　アせ　マる　ティエンポ

I Fa bel tempo. / Fa brutto tempo.
ファ　べる　テンポ　　ファ　ブルット　テンポ

「暑い／寒い」

　ここでも faire, hacer, fare を使います。

F Il fait chaud. / Il fait froid.
イル フェ　ショ　　イル フェ　フルワ

S Hace calor. / Hace frío.
アせ　カろル　　アせ　フリオ

I Fa caldo. / Fa freddo.
ファ　カるド　　ファ　フレッド

「雨／雪が降る」

　英語の rain / snow にあたる動詞を使います。フランス語は pleuvoir（不規
ぷるぅヴワール

則動詞）/ neiger、スペイン語は llover / nevar（どちらも語根母音変化動詞）、
イタリア語は piovere / nevicare です。「（今）降っている」と現在の状況を表
す場合、スペイン語とイタリア語では英語と同じように進行形が使われます。

F Il pleut. / Il neige.
イル　ぷるぅ　イル　ネージュ

S Llueve. / Nieva.　　Está lloviendo. / Está nevando.　「雨/雪が降っている。」
ジュエベ　ニエバ　　エスタ　ジョビエンド　エスタ　ネバンド

I Piove. / Nevica.　　Sta piovendo. / Sta nevicando.　「雨/雪が降っている。」
ビョーヴェ　ネーヴィカ　　スタ　ビョヴェンド　スタ　ネヴィカンド

★ 主観的な判断を表す表現

「…することは〜だ」のように、話し手の主観的な判断や一般的に認められて
いる評価を表す場合に、フランス語では「il est（c'est）+ 形容詞 + de + 不定詞」
という非人称構文、スペイン語では「es + 形容詞 + 不定詞」、イタリア語では
「è + 形容詞 + 不定詞」という無主語文が使われます。

「外国語を学ぶのは大切なことだ。」

F Il est important d'apprendre une langue étrangère.
イれタンポルたん　ダプらんドゥル　ゆヌ　らんグ　エトゥらんじェール

S Es importante aprender un idioma extranjero.
エスィンポルタンテ　アプレンデル　ウニディオマ　エクストゥランへロ

I È importante imparare una lingua straniera.
エ　インポルタンテ　インパラーレ　ウナ　りングワ　ストゥラニエーラ

「こんなところで眠るのは無理だ。」

F C'est impossible de dormir dans un tel endroit.
セタンポスィーブる　ドゥ　ドルミール　だんザン　テらンドゥるワ

S Es imposible dormir en un lugar así.
エスィンポスイブれ　ドルミル　エヌン　るガル　アスィ

I È impossibile dormire in un posto simile.
エ　インポッスィービレ　ドルミーレ　イヌン　ポスト　スィーミれ

「〜したほうがよい」という言い方も覚えましょう。フランス語には「il
vaut mieux + 不定詞」という決まった表現があります。スペイン語とイタリア
語では、上で学んだ構文で判断を表す形容詞として「よりよい」という意味の
mejor, meglio を使います。フランス語にも同じパターンの「c'est mieux de
+ 不定詞」という表現もあります。
メホル　めぃりょ　セ　みう　ドゥ

「ここではタバコを吸わないほうがよい。」

F Il vaut mieux ne pas fumer ici. / C'est mieux de ne pas fumer ici.
<small>イる ヴォ ミう ヌ パ フュメ イスィ　セ ミう ドゥ ヌ パ フュメ イスィ</small>

S Es mejor no fumar aquí.
<small>エス メ**ホ**ル ノ フマル ア**キ**</small>

I È meglio non fumare qui.
<small>エ **メ**ぃりょ ノン フ**マ**ーレ ク**ィ**</small>

★ 時刻を表す表現

　「〜時だ」という場合、フランス語では非人称構文なので動詞は常に 3 人称単数形です。スペイン語とイタリア語では「〜時」を表す名詞が 2 時以降であるときは、動詞を 3 人称複数形にします。「〜時」は、フランス語では「数詞 + heure（s）」、スペイン語とイタリア語では「定冠詞 + 数詞」となるのでしたね（p.125）。「〜時〜分」と分単位まで言うときは、いずれも「分」にあたる語は言いません。フランス語ではそのまま数字を続け、スペイン語とイタリア語では英語の and にあたる接続詞の後に数字を続けます。

「何時ですか？」

F Il est quelle heure ?　**S** ¿Qué hora es?　**I** Che ora è?
<small>イれ　けるぅール　ケ オ**ラ** エス　ケ **オ**ーラ エ</small>

「8 時20分です。」

F Il est huit heures vingt.
<small>イれ　ゆイトぅール　ヴァン</small>

S Son las ocho y veinte.
<small>ソン　らス**チョ**　イ　**ベ**インテ</small>

I Sono le otto e venti.
<small>**ソ**ーノ　れ　**オ**ット　エ　**ヴェ**ンティ</small>

　「〜時半」という場合は、「〜時と半分」という言い方をします。

「1 時半です。」

F Il est une heure et demie.
<small>イれ　ゆヌール　エ　ドゥミ</small>

S Es la una y media.
<small>エス　ら　**ウ**ナ　イ　**メ**ディア</small>

I È l'una e mezzo.
<small>エ　**る**ーナ　エ　**メ**ッツォ</small>

— ことわざ⑱  ♪76

「上り一日下り一時」

F Il est plus facile de démolir que de bâtir.
イれ　　プりゅ　ファスぃる　ドゥ　デモリール　ク　ドゥ　バティール

S Es más fácil destruir que construir.
エス　マス　**ファ**すぃる　デストゥルイル　ケ　コンストゥルイル

I È più facile lo sfare che il fare.
エ　ピ**ウ**　**ファ**ーチれ　ろ　ス**ファ**ーレ　ケ　イる　**ファ**ーレ

　3言語で同じ意味を表す文となっていて、「建てるよりも壊すほうが簡単だ」
という表現です。日本語の「上り一日下り一時」にあたり、「物事を作り上げる
のには、時間も労力もかかりとても難しいものだが、壊れるのはあっという間だ」
ということを表しています。

　フランス語では非人称構文、スペイン語とイタリア語では無主語文が使われて
いて、いずれも「簡単だ」という意味の形容詞の後に続く不定詞の動詞「壊す」
が意味上の主語になっています。また、この本では扱わない比較表現が使われて
いて、「壊す」ことと「建てる」ことを比べています。イタリア語では不定詞に
定冠詞がついている点が他の言語と違います。これは、「壊すこと」、「建てるこ
と」のように動詞を名詞的に使っていることを示すもので、イタリア語では特に
よく見かける用法です。

　外国語の勉強もコツコツと積み重ねていってこそ着実に力がつくもので、いっ
たん勉強をやめてしまうと、あっという間に使えなくなってしまいます。心にと
どめておきたい言葉です。

ネコたちのおしゃべり⑫

L 麻呂 : わしら一族の特徴として非人称動詞というのがあるんじゃが、F 奈だけは変わってるのぉ。意味を持たない代名詞を主語としてたてるわけじゃな。何のためにわざわざそんなことをするのかな？

F 奈 : 前にも言ったように、私の場合は、特に口語では動詞の活用で語尾を発音しない場合が多いから、動詞だけでは主語が区別しにくいのよね。主語って大事じゃない？　だからはっきりさせるために主語を必ず言うようにしているの。活用がほとんどなくなっちゃった英語も同じね。非人称動詞は意味上は主語がいらないから、形だけ主語の働きをする仮主語の代名詞が必要になるわけよ。

I 美 : 私や S 樹は、おじいちゃんと同じように動詞の活用語尾をしっかり発音するから、それだけで主語が判別できるのよね。だからふつうの動詞でも主語を省略できるのは前に言った通りね。意味上の主語がない非人称動詞では無主語文ですませちゃう。

S 樹 : 僕らと違う日本語なんかだと、「雨が降る」「今日は暑い」のように天候を表す表現でもふつうに主語が出てくる。僕ら一族では、こういった自然現象はそれ自体を全体としてとらえて述語で表現するんだね。「雨」は動詞の中に意味として含まれるし、「今日」は時間を表す状況補語として表される。自然現象って人間の力ではどうにもならないから、僕の表現のしかたのほうが気に入ってるんだ。

I 美 : 時間の表現なんかもそうかもね。でも、判断を表す述語の場合は、不定詞が意味的には主語になると思うんだけど。あれは不定詞を動詞の後ろに置く単なる倒置文じゃないかしら。

F 奈 : I 美と S 樹だとそうね。私の場合は主語を動詞の後ろに置いたら動詞の前に仮主語を置かなくちゃいけないから非人称構文になるのよ。

Ｌ麻呂：なるほど。動詞の活用語尾をはっきり発音するかどうかの違いによっ
て、こういう構文の作り方に影響が出てくるわけじゃな。文法というも
んは深いところではつながっているんじゃな。なかなかうまくできてる
わい。

「私の両親はめったに
意見を変えません。」

フランス語

F **Mes parents changent**
　　メ　　　　パらン　　　　しゃんじゅ
rarement d'avis.
　ラルまん　　　　　ダヴィ

スペイン語

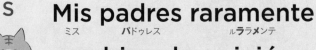

S **Mis padres raramente**
　　ミス　　　**パ**ドゥレス　　　ルラ**ラ**メンテ
cambian de opinión.
　カンビアン　　　デ　　　オピニ**オ**ン

イタリア語

I **I miei genitori cambiano**
　イ　　ミエーイ　　　ジェニ**トー**リ　　　**カン**ビヤノ
raramente opinione.
　ルララ**メ**ンテ　　　オピニ**ヨー**ネ

「私の」のように所有を表す語を含む文です。この語は英文法では人称代名詞
の所有格と呼ばれますが、3言語の文法では所有形容詞と呼びます。日本語
や英語と同じように、所有形容詞は修飾する名詞の前に置かれますが、名詞の
性・数に合わせて形が変わります。イタリア語では定冠詞がついているところ
が他の言語と違うので、注意しましょう。

mes ▶ 私の（複数形）　parents ▶ 両親（男性名詞複数形）
changent ▶ 変える（changerの3人称複数）
rarement ▶ めったに〜しない　avis ▶ 意見（男性名詞、単複同形）

「〜を変える」と言うときには、changer の後に前置詞 de を置き、
無冠詞の名詞を続けます。

mis ▶ 私の（複数形）
padres ▶ 両親（「父」を表す男性名詞padreの複数形）
raramente ▶ めったに〜しない（2ヶ所にアクセントがあります）
cambian ▶ 変える（cambiarの3人称複数）　opinión ▶ 意見（女性名詞）

「〜を変える」と言うときには、前置詞 de に無冠詞の名詞を続けます。

miei ▶ 私の（男性複数形）　genirori ▶ 両親（男性名詞複数形）
cambiano ▶ 変える（cambiareの3人称複数）
raramente ▶ めったに〜しない　opinione ▶ 意見（女性名詞）

「意見を変える」と言う場合、目的語は無冠詞でかまいません。

所有形容詞は日常会話で非常によく使われる語で、日本語で「私の」のよう
にいちいち所有を表さなくてもいい場合でも、3言語では使わなければなら
ないことがあります。一方で、英語で人称代名詞の所有格を使う場合でも、3言
語では使わないこともあるので、1つひとつ例文を覚えながら使い方に慣れて
いくのがよいでしょう。

所有形容詞

英語の所有格だが、性・数変化がある

　「私の」や「あなたの」のように、モノの所有者や人との関係を表す語が「所有形容詞」で、英語の人称代名詞所有格にあたります。英語ではそれぞれの人称について1つの形ですみますが、3言語では次にくる名詞の性・数に合わせて形が変わるので複雑です。

★ F フランス語

　単数形では男性名詞につくか、女性名詞につくかで形が変わるものがあります。複数形では常に男女同形となり、必ず複数を表す -s で終わります。英語と違って「彼の」「彼女の」「その」の間の区別はありません。これはスペイン語やイタリア語にも共通の特徴です。よく間違えるので注意しましょう。

　男性単数形が -n で終わるものと複数形の -s は、次に母音や無音の h で始まる語がくる場合にはリエゾンします。また、母音や無音の h で始まる語が続く場合には、それが女性名詞単数形であっても男性形の所有形容詞を使います。これは、リエゾンして発音をなめらかにするためです。

	男性単数形	女性単数形	複数（男・女とも）
私 (je) の	mon モン	ma マ	mes メ
君 (tu) の	ton トン	ta タ	tes テ
彼 (il)・彼女 (elle) の、その	son ソン	sa サ	ses セ
私たち (nous)	notre ノトゥル		nos ノ
君たち・ あなた (たち) (vous) の	votre ヴォトゥル		vos ヴォ
彼ら (ils)・彼女ら (elles) の、 それらの	leur るゥール		leurs るゥール

mon métier 「私の仕事（職業）」
モン　　メティエ

mon écharpe 「私のスカーフ（女性名詞）」
モネシャルプ

ta cravate 「君のネクタイ」
タ　　クラヴァットゥ

tes chaussures 「君の靴（複数扱いの女性名詞）」
テ　　　　ショスュール

son numéro de téléphone 「彼・彼女の電話番号」
ソン　　ニュメロ　　ドゥ　　テレフォンヌ

ses cahiers 「彼・彼女のノート（男性名詞複数形）」
セ　　　キャイエ

notre religion 「私たちの宗教」
ノトゥル　　ルリじヨン

nos habitudes 「私たちの習慣（女性名詞複数形）」
ノザビチュドゥ

votre bureau 「あなた（たち）のオフィス」
ヴォトゥル　　　ビュロ

votre culture 「あなた（たち）の文化」
ヴォトゥル　きゅるチュール

leur adresse 「彼らの住所（女性名詞）」
るぅーラドゥレス

leurs dictionnaires 「彼らの辞書（男性名詞複数形）」
るぅール　　ディクスィオネール

★ Ⓢ スペイン語

　スペイン語の所有形容詞には、名詞の前に置く短い形と名詞の後ろに置く長い
形があります。よく使うのは短い形なので、この本ではそちらを学びます。フラ
ンス語とは次の点で違います。

　①３人称の「彼の」「彼女の」を表す su は「彼らの」「彼女らの」の意味も表す。
　② su が「あなた（たち）の」の意味も表す。
　③ 複数形でも男女で形が変わるものがある。

　男女で形が変わる場合は語尾が形容詞と同じです。複数形がすべて -s で終わ
るのはフランス語と同じです。

	男性単数形	女性単数形	男性複数形	女性複数形
私（yo）の	mi ミ		mis ミス	
君（tú）の	tu トゥ		tus トゥス	
彼（él）・彼女（ella）・あなた（usted）・彼ら（ellos）・彼女ら（ellas）・あなたたち（ustedes）の、その、それらの	su ス		sus スス	
私たち（nosotros）	nuestro ヌエストゥロ	nuestra ヌエストゥラ	nuestros ヌエストゥロス	nuestras ヌエストゥラス
君たち（vosotros）の	vuestro ブエストゥロ	vuestra ブエストゥラ	vuestros ブエストゥロス	vuestras ブエストゥラス

mi oficio ミ オフィすぃオ 「私の仕事（職業）」　**mi pañuelo** ミ パニュエろ 「私のスカーフ、ハンカチ」

tu corbata トゥ コルバタ 「君のネクタイ」　**tus zapatos** トゥス さパトス 「君の靴（複数扱い）」

su número de teléfono ス ヌメロ デ テれフォノ 「彼（ら）・彼女（ら）・あなた（たち）の電話番号」

su dirección ス ディレクすぃオン 「彼（ら）・彼女（ら）・あなた（たち）の住所（女性名詞）」

sus cuadernos スス クワデルノス 「彼（ら）・彼女（ら）・あなた（たち）のノート（複数形）」

sus diccionarios スス ディクすぃオナリオス 「彼（ら）・彼女（ら）・あなた（たち）の辞書（複数形）」

nuestra religión ヌエストゥラ ルレリヒオン 「私たちの宗教」

nuestras costumbres ヌエストゥラス コストゥンブレス 「私たちの習慣（複数形）」

vuestro despacho ブエストゥロ デスパチョ 「君たちのオフィス」　**vuestra cultura** ブエストゥラ くるトゥラ 「君たちの文化」

★ **I** イタリア語

　イタリア語の所有形容詞はスペイン語に似ていますが、ほとんどの場合に男女で形が変わる点に注意が必要です。語尾が変わる場合は基本的に形容詞の語尾変化と同じですが、男性複数形が特殊な形になるものがあります。「あなたの」という意味では、大文字で Suo と書く場合もあります。フランス語と同じように、3人称の単数と複数では違う形になります。複数の loro は形が変わりません。
ろーろ

	男性単数形	女性単数形	男性複数形	女性複数形
私 (io) の	mio ミーオ	mia ミーア	miei ミエーイ	mie ミーエ
君 (tu) の	tuo トゥーオ	tua トゥーア	tuoi トゥオーイ	tue トゥーエ
彼 (lui)・彼女 (lei) あなた (Lei) の、その	suo スーオ	sua スーア	suoi スオーイ	sue スーエ
私たち (noi)	nostro ノストゥロ	nostra ノストゥラ	nostri ノストゥリ	nostre ノストゥレ
君たち・あなたたち (voi) の	vostro ヴォストゥロ	vostra ヴォストゥラ	vostri ヴォストゥリ	vostre ヴォストゥレ
彼ら・彼女ら (loro) の それらの	loro ろーろ			

　イタリア語の所有形容詞は、ふつう定冠詞を前につけて使います。

il mio mestiere 「私の仕事（職業）」
いる　ミーオ　　メスティエーレ

la mia sciarpa 「私のスカーフ」
ら　ミーア　　シャルパ

la tua cravatta 「君のネクタイ」
ら　トゥーア　クラヴァッタ

le tue scarpe 「君の靴（複数扱い）」
れ　トゥーエ　スカルペ

il suo numero di telefono 「彼・彼女・あなたの電話番号」
いる　スーオ　　ヌーメロ　ディ　テレーフォノ

i suoi quaderni 「彼・彼女・あなたのノート（複数形）」
イ　スオーイ　クワデルニ

la nostra religione 「私たちの宗教」
ら　ノストゥラ　ルレリジョーネ

le nostre abitudini 「私たちの習慣（複数形）」
れ　ノストゥレ　アビトゥーディニ

il vostro ufficio「君たち・あなたたちのオフィス」
イる ヴォストゥロ ウッフィーチョ

la vostra cultura「君たち・あなたたちの文化」
ら ヴォストゥラ くるトゥーラ

il loro indirizzo「彼らの住所」
イる ろーロ インディリッツォ

i loro dizionari「彼らの辞書（dizionario の複数形）」
イ ろーロ ディツィオナーリ

　　ただし、形容詞を伴わない親族名称を表す単数形名詞につく場合、loro 以外では冠詞が省かれます。loro は性で変化しないので、名詞の性を表すために定冠詞をつける必要があります。複数形名詞では定冠詞をつけます。

mio marito「私の夫」　　**tua moglie**「君の奥さん」
ミーオ マリート　　　　　　トゥーア もぃりぇ

suo fratello「彼・彼女の兄（弟）」　　**nostra madre**「私たちの母」
スーオ フラテぅろ　　　　　　　　　　ノストゥラ マドゥレ

vostro padre「君たちのお父さん」　　**la loro sorella**「彼ら・彼女らの姉（妹）」
ヴォストゥロ パドゥレ　　　　　　　　ら ろーロ ソレぅら

i miei genitori「私の両親」
イ ミエーイ ジェニトーリ

i nostri nonni「私たちの祖父母（nonno「祖父」の複数形）」
イ ノストゥリ ノンニ

― ことわざ⑲   ♪78

「借り着より洗い着」

F Mon verre n'est pas grand mais je bois
モン　　ヴェール　ネ　パ　グラん　メ　じュ　ブワ

dans mon verre.
だん　モン　　ヴェール

S Más vale humo de mi casa, que fuego
マス　**バ**れ　**ウ**モ　デ　ミ　**カ**サ　ケ　フ**エ**ゴ

de la ajena.
デ　ら　ア**ヘ**ナ

I Più vale il fumo di casa mia, che
ピウ　**ヴァ**ーれ　イる　**フ**ーモ　ディ　**カ**ーザ　ミーア　ケ

l'arrosto dell'altrui.
らル**ロ**スト　　デぅらるトゥ**ル**ーイ

　同じ教訓をそれぞれ違う表現で表していますが、どの言語にもこの課で学んだ
所有形容詞が登場しています。イタリア語だけ、所有形容詞が修飾する名詞の後
に置かれています。フランス語は、「私のコップは大きくはないが、私は私のコッ
プで飲む」という意味で、コップが例えに使われています。スペイン語とイタ
リア語は似ていて、それぞれ「私の家の煙のほうが遠くの火よりもよい」、「私の
家の煙のほうが他人の焼いた肉よりもよい」となり、家の煙、つまり家庭状況に
例えています。

　いずれも「人に頼ってぜいたくなものを手に入れるよりも、分相応のものを自
分でやりくりするべきである」ということを述べていて、日本語の「借り着より
も洗い着」にあたります。

ネコたちのおしゃべり⑬

L麻呂 : 所有形容詞はわしも持っているが、今の若いもんはそれに冠詞の役割も持たせているようじゃの。しかし、I美だけは所有形容詞を使う場合も冠詞がいるようじゃが、これはどういうわけかな。

I美 : もともと所有形容詞は形容詞っていうくらいだから、本来は冠詞が必要なはずのものなのよ。ふつうの形容詞を名詞につける場合は、みんなちゃんと冠詞をつけるでしょう。

S樹 : 僕には所有形容詞が2種類あって、冠詞の代わりをするものと、I美みたいに冠詞と一緒に使うものがあるよ。ただ僕の場合は、冠詞と一緒に使うほうは必ず名詞の後に置くし、形も違うけどね。「定冠詞＋名詞＋所有形容詞」という順序だと、特に所有者を強調する場合に使うんだ。いろいろ使い分けができて便利だと思わないかい。

I美 : 私の所有形容詞も名詞の後に置いて強調することはできるわよ。形容詞は名詞の前にも後にも置くことができるものだから、これは当然よね。ただ、前に置くほうがふつうだけどね。

F奈 : 私も昔はS樹と同じように2種類の所有形容詞を使ってたけど、1つを形容詞に、もう1つを所有代名詞として使うようにしちゃったの。指示詞の場合と同じね。だから、所有形容詞は必ず名詞の前に置いて、冠詞の働きも兼ねるようになったわ。英語では所有格って言うけど、私の所有形容詞と使い方は同じよね。

S樹 : 所有形容詞が冠詞と一緒に使えれば便利なこともあるよ。不定冠詞をつけて例えば un libro mío って言えば、「僕が持っている複数の本の中の一冊」という意味を簡単に表せるからね。

I美 : それは私も同じね。車を複数持ってて、そのうちの一台を指すときは una mia macchina って言えるのよね。

Ｌ麻呂： なるほど。Ｓ樹とＦ奈はわしの１つの所有形容詞から２種類のものを作り出して、それぞれ使い分けるようになったんじゃな。大がかりな振り子時計から、壁掛け時計、腕時計が生まれて、それぞれ使われるようになった感じかの。

「私は彼らに時々会います。」

♪79

フランス語

F

Je les vois de temps en
じゅ　れ　ヴワ　ドゥ　　　たんざん
temps.
たん

スペイン語

S

Los veo a veces.
ろス　　ベオ　ア　　べせス

イタリア語

I

Li vedo ogni tanto.
リ　　ヴェード　　オンニ　　タント

他動詞の直接目的語となる人称代名詞を含む文です。英語と違い、目的語の
人称代名詞は動詞の前に置かれます。この代名詞はアクセントを持ちませんの
で、次に続く動詞につなげてひと息に発音するのがポイントです。「会う」とい
う動詞は日本語では間接目的語にあたる「〜に」となりますが、ヨーロッパの
言語では直接目的語をとるので注意しましょう。

les ▶ 彼らを（直接目的語）　vois ▶ 会う（voir の 1 人 称 単 数）
de temps en temps ▶ 時々

フランス語では、副詞は頻度を表すものも含めて動詞の後ろに置くの
がふつうです。voir は英語の see にあたります。

los ▶ 彼らを（直接目的語）　veo ▶ 会う（ver の 1 人 称 単 数）
a veces ▶ 時々

スペイン語では、頻度を表す副詞の位置は比較的自由で、動詞の後
ろにも前にも置くことができます。ver は英語の see にあたります。

li ▶ 彼らを（直接目的語）
vedo ▶ 会う（vedere の 1 人 称 単 数）　ogni tanto ▶ 時々

イタリア語では、副詞は頻度を表すものも含めて動詞の後ろに置くこ
とが多いです。vedere は英語の see にあたります。

日本語では「よく会います」のように目的語を省略できますが、3 言語では目
的語を言わずに動詞だけですませることはできません。英語と同じように人称
代名詞を使わなければならないので注意しましょう。主語が省略できるスペイ
ン語やイタリア語でも、目的語は省略できないのですからおもしろいですね。

直接目的語人称代名詞

「私を」や「それを」のように他動詞の直接目的語として使われる人称代名詞の形を学びます。英語の目的格にあたります。いずれの言語でも、3人称の代名詞は人・モノ両方を指すことができます。それぞれの言語について、形を見ていきましょう。

フランス語	単数		複数	
	主語	直接目的語	主語	直接目的語
je	me, m'	nous	nous
tu	te, t'	vous	vous
il	le, l'	ils	les
elle	la, l'	elles	

　左側の単数形では、次に続く動詞が母音もしくは無音の h で始まる場合、エリジョンが起こり、母音の -e, -a が落ちて m', t', l' となります。右側の複数形の語末の -s は、次に続く動詞が母音もしくは無音の h で始まる場合、必ずリエゾンします。3人称複数形では、性の区別がなくなります。1・2人称複数では、直接目的語は主語と同じ形です。

スペイン語	単数		複数	
	主語	直接目的語	主語	直接目的語
yo	me	nosotros	nos
tú	te	vosotros	os
él	lo, le	ellos	los
ella	la	ellas	las
usted	le, la	ustedes	los, las

　él の直接目的語はモノの場合に lo、人の場合に le が使われます（ただし地域によっては人にも lo を使います）。3人称複数でも性の区別があります。usted と ustedes の直接目的語は、男性の場合には le, los を、女性の場合には la, las を使います。

イタリア語	単数		複数	
	主語	直接目的語	主語	直接目的語
io	mi	noi	ci
tu	ti	voi	vi
lui	lo	loro	li, le
lei, Lei	la		

　親しくない相手を指す Lei では、直接目的語の場合も大文字で書き始め La となることもあります。loro の直接目的語は、男性では li、女性では le となります。

　以下で例文を見ながら使い方を確認していきましょう。目的語人称代名詞は動詞の前に置かれるということをしっかりマスターしてください。最初は戸惑いますが、慣れればどうということはありません。

「郵便屋さんはいつも私に挨拶してくれる。」

F Le facteur me salue toujours.
　る　ファクトゥール　ム　サリュ　トゥジュール

S El cartero siempre me saluda.
　エる　カルテロ　スィエンプレ　メ　サるダ

I Il postino mi saluta sempre.
　イる　ポスティーノ　ミ　サるータ　センプレ

「君を愛している。」

F Je t'aime.
　じゅ　テム

S Te quiero.
　テ　キエロ

I Ti amo.
　ティ　アーモ

「コーヒー飲む？ ― うん、飲む。」

F Tu prends le café ? — Oui, je le prends.
　チュ　プラん　る　キャフェ　ウィ　じゅ　る　プラん

S ¿Tomas el café? — Sí, lo tomo.
　トマス　エる　カフェ　スィ　ろ　トモ

I Prendi il caffè? — Sì, lo prendo.
　プレンディ　イる　カッフェ　スィ　ろ　プレンド

「田中さん一家は君たちのことを高く評価している。」

F Les Tanaka vous apprécient beaucoup.
れ　　　　　タナカ　　　　　　ヴザプレスィ　　　　　　　ボク

S Los Tanaka os aprecian mucho.
ろス　　　タナカ　　　オサプレすィアン　　**ム**チョ

I I Tanaka vi apprezzano molto.
イ　　タナカ　　ヴィ　　アップレッツァノ　　**も**ルト

３人称男性単数形は、名詞だけではなく、動作内容や事柄を指すこともできます。このような使い方の代名詞を「中性代名詞」と呼びます。

「僕は部屋を掃除しなければいけない。お昼までにはするよ。」

F Je dois nettoyer ma chambre. Je le fais avant le midi.
ジュ　ドゥワ　ネトゥワィエ　マ　　しゃんブル　　じゅる　フェ　アヴぁん　る　ミディ

S Tengo que limpiar mi habitación. Lo hago para mediodía.
テンゴ　ケ　　リンピアル　ミ　　アビタすィ**オ**ン　　ろ　　**ア**ゴ　　パラ　　メディオ**ディ**ア

I Devo pulire la mia camera. Lo faccio entro mezzogiorno.
デーヴォ　　プリーレ　ら　　ミーア　　**カ**ーメラ　　ろ　　**ファ**ッチョ　**エ**ントゥロ　　メッヅォ**ジョ**ルノ

否定文では、否定の副詞は目的語代名詞の前に置かれます。代名詞と動詞との発音上のつながりを断ち切ることがないように、副詞はその前に置かれるのです。

「私はそうは思わない。」

F Je ne le crois pas.
ジュ　ヌ　る　クルワ　バ

S No lo creo.
ノ　ろ　ク**レ**オ

I Non lo credo.
ノン　ろ　ク**レ**ード

不定詞が目的語人称代名詞をとる場合、フランス語では動詞の前に置かれますが、スペイン語とイタリア語では動詞の前ではなく動詞末尾に分かち書きをせずにつなげます。この際、イタリア語では不定詞の語尾 -e が落ちます。

「私たちの上司は私たちをパーティーに招待したがっている。」

F Notre supérieur veut nous inviter à la fête.
ノトゥル　　スゅペリゅール　　ヴぅ　　ヌザンヴィテ　　ア　ら　フェットゥ

S Nuestro superior quiere invitarnos a la fiesta.（invitar + nos）
ヌエストゥロ　　スペリオル　　キエレ　　インビタルノス　ア　ら　フィエスタ

I Il nostro superiore vuole invitarci alla festa.（invitare + ci）
イる　ノストゥロ　　スペリオーレ　　ヴオーれ　インヴィタールチ　アぅら　フェスタ

　スペイン語とイタリア語では、目的語代名詞を本動詞の前に置くこともできます。

S Nuestro superior nos quiere invitar a la fiesta.
ヌエストゥロ　　スペリオル　　ノス　キエレ　　インビタル　ア　ら　フィエスタ

I Il nostro superiore ci vuole invitare alla festa.
イる　ノストゥロ　　スペリオーレ　　チ　ヴオーれ　インヴィターレ　アぅら　フェスタ

　この例のような目的語代名詞の位置はフランス語では許されないので、十分注意しましょう。

「蒔いた種は自分で刈り取れ」

F Qui casse les verres, les paie.
　キ　　キャッス　　れ　　　ヴェール　　　れ　　ペ

S Quien rompe los vasos, los paga.
　キエン　　　ルロンペ　　ろス　　バソス　　　ろス　　バガ

I Chi rompe paga e i cocci sono suoi.
　キ　　ルロンペ　　バーガ　　エ　イ　　コッチ　　ソーノ　　スオーイ

　フランス語とスペイン語では「コップを壊した者は、その代金を払う」という
意味ですが、イタリア語だけは「壊れたかけらはその人のものである」という表
現が加わっています。フランス語とスペイン語では、この課で習った直接目的語
人称代名詞が２つめの動詞「払う」で使われていて、１つめの動詞の直接目的語
である「コップ」を受けて、「コップの代価を払う」という意味を表しています。
イタリア語では壊したものについては特に表現されていないので、直接目的語人
称代名詞も使われていません。

　「コップを割った者はその代金を支払わねばならない」、つまり「悪いことをす
ると報いを受ける」という意味で、「蒔いた種は自分で刈り取れ」にあたります。

ネコたちのおしゃべり⑭

L麻呂 : お前たちは人称代名詞のときだけ目的語を動詞の前に置くように決めて
るようじゃが、それはどうしてかのぉ。わしもふつうは動詞の前に置く
が、代名詞でなく名詞の目的語でもそれは同じじゃからな。

F奈 : 文の中で単語を置く順番について、私たちは同じ癖を持ってるのよ。話
し相手がすでに知っている人やものを指す語は動詞の前に、新しく登場
するものを指す語を動詞の後に置くようにしてるの。

S樹 : 人称代名詞はもう話題に上っていたり、お互いにはっきりわかっている
ものを指すから、話し相手が知っている情報だよね。だから、そういう
人称代名詞は動詞の前に置いて軽く発音することにしたんだ。英語みた
いにアクセントを置いたりはできないよ。

I美 : おじいちゃんが大好きな私でも、この点はF奈やS樹と同じようにし
てるわね。私たちは、おじいちゃんよりも文の中の語順をわりとかっち
り決めてるのよね。目的語の人称代名詞も動詞の前に置くって決めてた
ほうがやりやすいわ。

S樹 : こうすれば、動詞の後にくる語が大事な情報になってるってことがはっ
きりするから、会話なんかでは聞いてる人が必要な情報を効率よく手に
入れることができて便利だと思うな。

F奈 : 情報としてそれほど大事じゃない人称代名詞を動詞の前に置いて軽く発
音して、大事な語は動詞の後で強くはっきり発音すれば、私が大切にし
てる文のリズム感も出てきて、音としてもきれいだわ。

L麻呂 : なるほど。わしとは違う、若い世代の好みというか、スタイルがこうい
うところに出てきておるんじゃ。それにしてもなかなか工夫して、う
まくやってるもんじゃ。若いもんにも感心するわい。

「私の姉はよく私に
よいアドバイスをくれます。」

♪81

フ
ラ
ン
ス
語

F **Ma sœur me donne**
マ　　　　すール　　　ム　　　ドンヌ

souvent de bons conseils.
スヴぁん　　　ドゥ　　ボン　　　コンセイユ

ス
ペ
イ
ン
語

S **A menudo mi hermana me**
ア　　　メ**ヌ**ド　　　ミ　　　エル**マ**ナ　　　メ

da buenos consejos.
ダ　　　ブ**エ**ノス　　　コンセホス

イ
タ
リ
ア
語

I **Mia sorella mi dà spesso**
ミーア　　　ソ**レ**ぅら　　ミ　　ダ　　スペッソ

buoni consigli.
ブ**オ**ーニ　　　コン**スィ**ぃり

間接目的語となる人称代名詞を含む文です。直接目的語人称代名詞と同じ
く、間接目的語人称代名詞も動詞の前に置かれ、やはりアクセントは持ちませ
ん。ここで出てきた「与える、くれる」という動詞は直接目的語と間接目的語
の両方をとる動詞です。ヨーロッパの言語では間接目的語も必ず表現する必要
があり、省略することはできませんので注意しましょう。

sœur ▶ 姉、妹　me ▶ 私に（間接目的語）
donne ▶ 与える（donnerの3人称単数）　souvent ▶ よく～する
conseils ▶ アドバイス（男性名詞複数形）

ここでの「アドバイス」は不定の複数なので不定冠詞がついています
が、形容詞の前でde という形になっています。

a menudo ▶ よく～する　hermana ▶ 姉、妹
me ▶ 私に（間接目的語）　da ▶ 与える（darの3人称単数）
consejos ▶ アドバイス（男性名詞複数形）

「アドバイス」は不定の複数なので無冠詞となっています。

sorella ▶ 姉、妹　mi ▶ 私に（間接目的語）
dà ▶ 与える（dareの3人称単数）　spesso ▶ よく～する
consigli ▶ アドバイス（男性名詞consiglio の複数形）

「アドバイス」は不定の複数ですが、ここでは部分冠詞は必要なく、
無冠詞となっています。

英語の often にあたる「よく～する」という頻度を表す副詞表現が含まれて
います。直接目的語をとる動詞があるのと同じように、間接目的語をとる動詞も
決まっていて、間接目的語しかとらない動詞もあります。どのような目的語をと
る動詞かは、例文でまるごと暗記することで自然に覚えるようにしましょう。

間 接 目 的 語 人 称 代 名 詞

　直接目的語人称代名詞に続き、「私に」や「彼らに」のように間接目的語として使われる人称代名詞を学びます。日常会話では、間接目的語になるのは人の場合が圧倒的に多くなります。3言語で共通するのは、1・2人称では直接目的語と間接目的語が同じ形になるという点です。したがって、3人称の代名詞に限って形を覚えればよいということになるので、以下では3人称のみを見ていきます。

　フランス語では、間接目的語で性の区別がなくなり、単数と複数のみを区別します。「彼（彼女）に」が lui、「彼ら（彼女ら）に」が leur となります。スペイン語でも単数と複数のみを区別し、「彼（彼女）に」が le、「彼ら（彼女ら）に」が les となります。イタリア語のみ性の区別が単数であり、「彼に」が gli、「彼女に」が le となります。複数は性の区別がなく loro「彼ら（彼女ら）に」となります。この loro は他の目的語代名詞とは違い、動詞の前ではなく後ろに置かれます。くだけた会話では、loro の代わりに動詞の前に置く gli が「彼ら（彼女ら）に」の意味でも使われます。

　例文で実際の使い方を確認してみましょう。まず間接目的語だけをとる動詞から見ていきます。

「幸運の女神が君に微笑む。」

F **La chance te sourit.**（sourire「微笑む」は rire と同じ活用をします）
ら　　しゃンス　トゥ　スリ

S **La suerte te sonríe.**（sonreír「微笑む」は reír と同じ活用をします）
ら　スエルテ　テ　ソンルリエ

I **La fortuna ti sorride.**
ら　フォルトゥーナ　ティ　ソルリーデ

「私の従妹は彼に自分の計画を話す。」
（フランス語とスペイン語では「彼女に」、イタリア語では「彼ら（彼女ら）に」
の意味にもなります）

F Ma cousine lui parle de son plan.
<small>マ　　2ズィンヌ　りゅイ　バルる　ドゥ　ソン　ぷらン</small>

S Mi prima le habla de su plan.
<small>ミ　プリマ　れ　**ア**ぶら　デス　ス　ぷらン</small>

I Mia cugina gli parla del suo piano.
<small>ミーア　クジーナ　りぃ　**パ**ルら　デる　**スー**オ　ビヤーノ</small>

「彼らのおばあさんは彼らに毎月手紙を書く。」

F Leur grand-mère leur écrit chaque mois.
<small>るぅール　グランメール　るぅーレクリ　シャック　ムワ</small>

S Su abuela les escribe cada mes.
<small>ス　アブエら　れセスクリベ　**カ**ダ　メス</small>

I La loro nonna scrive loro ogni mese. / La loro nonna gli scrive ogni mese.
<small>ら　**ろー**ロ　ノンナ　スクリーヴェ　**ろー**ロ　**オ**ンニ　メーゼ　　ら　**ろー**ロ　ノンナ　りぃ　スクリーヴェ　**オ**ンニ　メーゼ</small>

　　次に、間接目的語と直接目的語を両方とる動詞の例を見てみましょう。

「お母さんは私に砂糖を渡してくれる。」

F Maman me passe le sucre.
<small>マまン　ム　パス　る　スゅックル</small>

S Mamá me pasa el azúcar.
<small>マ**マ**　メ　**パ**サ　エら**す**カル</small>

I La mamma mi passa lo zucchero.
<small>ら　**マ**ンマ　ミ　**パ**ッサ　ろ　**ツ**ッケロ</small>

「僕は君に小包を送るね。」

F Je t'envoie le colis.
<small>じゅ　たんヴワ　る　コリ</small>

S Te envío el paquete.
<small>テ　エン**ビ**オ　エる　パ**ケ**テ</small>

I Ti invio il pacco.
<small>ティ　インヴィーオ　いる　**パ**ッコ</small>

「彼女の彼氏は彼女にその指輪を贈る。」

F Son copain lui offre cet anneau.
ソン　コバン　りゅイ　オッフル　セタノ

S Su novio le regala ese anillo.
ス　ノビオ　れ　ルレガら　エセ　アニジョ

I Il suo ragazzo le regala quell'anello.
イる　スーオ　ルラガッツォ　れ　ルレガーら　クエうらネぅろ

「警官は私たちに状況を説明する。」

F Le policier nous explique les circonstances.
る　ポリスィエ　又ゼクスプリック　れ　スィルコンスたんス

S El policía nos explica las circunstancias.
エる　ポリすぃア　ノセクスプリカ　らス　すぃルクンスタンすぃアス

I Il poliziotto ci spiega le circostanze.
イる　ポリツィヨット　チ　スビエーガ　れ　チルコスタンツェ

「君たちに私のアルバムは見せない。」

F Je ne vous montre pas mon album.
じゅ　ヌ　ヴ　モントゥル　バ　モナるボム

S No os muestro mi álbum.
ノ　オス　ムエストゥロ　ミ　アるブム

I Non vi mostro il mio album.
ノン　ヴィ　モストゥロ　イる　ミーオ　アるブム

「先生は彼らに自分の本を貸す。」

F Le professeur leur prête ses livres.
る　プロフェッすーる　るぅール　ブレットゥ　セ　リヴル

S El profesor les presta sus libros.
エる　プロフェソル　れス　ブレスタ　スス　リブロス

I Il professore presta loro i suoi libri.
イる　プロフェッソーレ　ブレスタ　ろーロ　イ スオーイ　リブリ

(Il professore gli presta i suoi libri.)
イる　プロフェッソーレ　りぃ　ブレスタ　イ スオーイ　リブリ

★ 間接目的語と直接目的語がどちらも人称代名詞で表される場合

言語によっては、人称代名詞の形が単独で現れるときと異なることがあるので注意が必要です。

フランス語では、以下のような組み合わせになります。形は変わりませんが、語順に注意しましょう。

間接目的語＼直接目的語	le	la	les
me	me le ム る	me la ム ら	me les ム れ
te	te le トゥ る	te la トゥ ら	te les トゥ れ
nous	nous le ヌ る	nous la ヌ ら	nous les ヌ れ
vous	vous le ヴ る	vous la ヴ ら	vous les ヴ れ
lui	le lui る リュイ	la lui ら リュイ	les lui れ リュイ
leur	le leur る るぅール	la leur ら るぅール	les leur れ るぅール

「間接目的語＋直接目的語」の語順が基本ですが、間接目的語が二重母音や語末子音を含んで少し長くなっているものは短い直接目的語の後に置かれます。ここまでで見た例の直接目的語を、人称代名詞に代えた文で確認しましょう。

🅕 **Maman me le passe.**「お母さんは私にそれを渡してくれる。」
　　マまん　　ム る　パス

🅕 **Je te l'envoie.**「僕は君にそれを送るね。」
　　じゅ トゥ　らんヴワ

🅕 **Son copain le lui offre.**「彼女の彼氏は彼女にそれを贈る。」
　　ソン　コパン　る リュイ オッフル

🅕 **Le policier nous les explique.**「警官は私たちにそれらを説明する。」
　　る　ポリスィエ　ヌ　れゼクスプリック

🅕 **Je ne vous le montre pas.**「私は君たちにそれを見せない。」
　　じゅ ヌ　ヴ　る　モントゥル　パ

🅕 **Le professeur les leur prête.**「先生は彼らにそれらを貸す。」
　　る　プロフェッJ―ル　れ るぅール ブレットゥ

スペイン語は簡単で、「間接目的語 + 直接目的語」の語順になります。注意が必要なのは、3 人称の le, les が se という形に変わってしまうことです。これは le lo などとすると同じ l という子音がつながって発音しにくくなってしまうためです。やはり前に見た例を変えた文で確認しましょう。

S **Mamá me lo pasa.** 「お母さんは私にそれを渡してくれる。」
　　　ママ　　　メ　ろ　パサ

S **Te lo envío.** 「僕は君にそれを送るね。」
　　テ　ろ　エンビオ

S **Su novio se lo regala.** 「彼女の彼氏は彼女にそれを贈る。」
　　ス　ノビオ　セ　ろ　ルレガら

S **El policía nos las explica.** 「警官は私たちにそれらを説明する。」
　　エる　ポリすぃア　ノス　らセクスプリカ

S **No os lo muestro.** 「私は君たちにそれを見せない。」
　　ノ　オス　ろ　ムエストゥロ

S **El profesor se los presta.** 「先生は彼らにそれらを貸す。」
　　エる　プロフェソル　セ　ろス　プレスタ

　イタリア語では、動詞の後ろに置かれる loro を除いて、間接目的語代名詞が形を変えます。

間接目的語 ＼ 直接目的語	lo	la	li	le
mi	me lo メ ろ	me la メ ら	me li メ リ	me le メ れ
ti	te lo テ ろ	te la テ ら	te li テ リ	te le テ れ
gli, le	glielo りぇろ	gliela りぇら	glieli りぇリ	gliele りぇれ
ci	ce lo チェ ろ	ce la チェ ら	ce li チェ リ	ce le チェ れ
vi	ve lo ヴェ ろ	ve la ヴェ ら	ve li ヴェ リ	ve le ヴェ れ

　1・2 人称では間接目的語の母音が i から e に変わります。もともとは e であったものが動詞の前で i に変わったという歴史的経緯があることから、代名詞の

前にくる間接目的語はもとの母音 e に戻ったということになります。3人称の
gli と le は発音しやすいようにつなぎの母音 e を入れ、つづり上は1語で書かれ
ます。複雑ですが、例文を覚えて慣れてしまいましょう。ここでも前に見た例を
変えた文で確認します。

Ⅰ La mamma me lo passa.「お母さんは私にそれを渡してくれる。」
　　ら　　　マンマ　　メ　ろ　　パッサ

Ⅰ Te lo invio.「僕は君にそれを送るね。」
　　テ　ろ インヴィーオ

Ⅰ Il suo ragazzo glielo regala.「彼女の彼氏は彼女にそれを贈る。」
　　いる　スーオ　　ルラガッツォ　　りぇろ　　ルレガーら

Ⅰ Il poliziotto ce le spiega.「警官は私たちにそれらを説明する。」
　　いる　　ポリツィヨット　　チェ　れ　　スピエーガ

Ⅰ Non ve lo mostro.「私は君たちにそれを見せない。」
　　ノン　　ヴェ ろ　　モストゥロ

Ⅰ Il professore li presta loro. / Il professore glieli presta.
　　いる　プロフェッソーレ　り　プレスタ　　ろーロ　　いる　プロフェッソーレ　　りぇり　　プレスタ

「先生は彼らにそれらを貸す。」

219

「運の良い者には牛が子供を産む」

F A l'homme heureux son bœuf lui fait
ア　ろム　　うルぅ　ソン　ぶフ　りゅイ　フェ

des veaux.
デ　　ヴォ

S A quien Dios quiere bien, la perra le
ア　キエン　ディオス　キエレ　ビエン　ら　ペルラ　れ

pare lechones.
バレ　　れチョネス

I A chi ha fortuna, il bue gli fa un vitello.
ア　キ　ア　フォルトゥーナ　いる　ブーエ　りぃ　ファ　ウン　ヴィテぅろ

　3言語ともほぼ同じ内容を表していますが、日本語訳に直接対応するのはフランス語とイタリア語です。スペイン語だけ多少違っていて、「運の良い者」を「神に愛される者」、「牛が子供を産む」を「犬が子豚を産む」と表していて、より印象深い表現となっています。いずれの文でもこの課で習った間接目的語人称代名詞が使われていて、「運の良い者」を受けて「その人のために」子牛や子豚を産むという意味を表します。

　世の中には運の良い人というのは必ずいて、それを半ば羨むようなことわざですが、私たちも新しい外国語を学べるという運に恵まれたのですから、がんばって勉強を続けましょう！

「今度の日曜日に彼と一緒に
コンサートに行きます。」

♪83

F Je vais aller au concert
ジュ ヴェ アれ オ コンセール

avec lui dimanche prochain.
アヴェック りゅイ ディまんシュ プロシャン

スペイン語

S Voy a ir al concierto con él
ボイ ア イル アる コンすィエルト コネる

el próximo domingo.
エる プロクスィモ ドミンゴ

イタリア語

I Vado al concerto con lui
ヴァード アる コンチェルト コン るーイ

domenica prossima.
ドメーニカ プロッスィマ

前置詞の目的語となる人称代名詞を含む文です。英語では目的格が使われますが、3言語では直接目的語や間接目的語とは違う形が使われるので、しっかり覚えなければなりません。この人称代名詞はアクセントを持っているので、代名詞を強調する場合にも使います。

concert ▸ コンサート（男性名詞）

avec ▸ 〜と一緒に（前置詞）　lui ▸ 彼（前置詞の目的語）

dimanche ▸ 日曜日（男性名詞）　prochain ▸ 今度の

フランス語では「今度の日曜日」と言う場合には定冠詞はつきません。

concierto ▸ コンサート（男性名詞）

con ▸ 〜と一緒に（前置詞）　él ▸ 彼（前置詞の目的語）

próximo ▸ 今度の　domingo ▸ 日曜日（男性名詞）

スペイン語では「今度の日曜日」と言う場合に定冠詞をつけます。「今度の」という形容詞は名詞の前に置かれます。

concerto ▸ コンサート（男性名詞）

con ▸ 〜と一緒に（前置詞）

lui ▸ 彼（前置詞の目的語）　domenica ▸ 日曜日（女性名詞）

prossima ▸ 今度の（prossimo の女性単数形）

イタリア語では「今度の日曜日」には定冠詞はつきません。

フランス語とスペイン語では、「行く」という動詞 aller, ir の未来を表す用法が使われています。「コンサートへ」を表す前置詞は、いずれの言語でも前置詞と定冠詞の融合形が使われています。この融合形にはアクセントは置かれません。

前置詞の目的語となる人称代名詞

　人称代名詞には、前置詞の目的語となる形もあります。主語代名詞と同じ形の場合が多いのですが、今まで習ったものと違う形のものもあります。前置詞の目的語以外の用法もあります。

フランス語

単数		複数	
主語	前置詞の目的語	主語	前置詞の目的語
je	moi ムワ	nous ヌ	
tu	toi トゥワ	vous ヴ	
il	lui リュイ	ils	eux ウ
elle エる		elles エる	

　nous, vous, elle, elles は主語代名詞と同じ形になります。前置詞の目的語であるときはアクセントが置かれ強く発音され、強勢形人称代名詞と呼ばれます。

スペイン語

単数		複数	
主語	前置詞の目的語	主語	前置詞の目的語
yo	mí ミ	nosotros ノソトゥロス	
tú	ti ティ	vosotros ボソトゥロス	
él エる		ellos エジョス	
ella エジャ		ellas エジャス	
usted ウステ		ustedes ウステデス	

　yo と tú だけが別の形となり、それ以外は主語代名詞と同じ形です。なお、前置詞 con に mí, ti が続くと、conmigo, contigo という特別に融合した形になりますので、注意しましょう。

イタリア語	単数		複数	
	主語	前置詞の目的語	主語	前置詞の目的語
	io	me メ	noi ノーイ	
	tu	te テ	voi ヴォーイ	
	lui, lei, Lei るーイ, れーイ, れーイ		loro ろーロ	

　スペイン語と同じく io と tu だけが別の形となり、それ以外は主語代名詞と同じ形です。

　前置詞の目的語になる例を見て見ましょう。

「僕と一緒に来る？」

F Tu viens avec moi ?
チュ　ヴィヤン　アヴェック　ムワ

S ¿Vienes conmigo?
ビエネス　　コンミゴ

I Vieni con me?
ヴィエーニ　コン　メ

「私たちの両親は私たちのために働いてくれる。」

F Nos parents travaillent pour nous.
ノ　　　パらん　　　　トゥラヴァイユ　　プル　　ヌ

S Nuestros padres trabajan para nosotros.
ヌエストゥロス　　パドゥレス　　トゥラバハン　　パラ　　ノソトゥロス

I I nostri genitori lavorano per noi.
イ　ノストゥリ　　ジェニトーリ　　らヴォーラノ　　ベル　ノーイ

　前置詞の目的語以外に、目的語を強調する場合にも使われます。この場合、フランス語とスペイン語ではすでに学習した目的語代名詞を動詞の前に置き、強調する代名詞をくり返して使います。イタリア語では強調する代名詞だけを使い、動詞の後に置きます。

「僕は君を招待するんだよ。」

F Je t'invite, toi.
じゅ　タンヴィットゥ　トゥワ

S Te invito a ti.
テ　インビト　ア　ティ

I Invito te.
インヴィート　テ

　※スペイン語では、特定の人を表す代名詞が直接目的語となるため、前置詞 a が必要となります。

間接目的語の場合、強調する代名詞には前置詞 à／a をつけます。

「私の夫は私には何も言ってくれないの。」

F Mon mari ne me dit rien, à moi.
モン　マリ　ヌ　ム　ディ　リヤン　ア　ムワ

S Mi marido no me dice nada a mí.
ミ　マリド　ノ　メ　**ディ**セ　**ナ**ダ　ア　ミ

I Mio marito non dice niente a me.
ミーオ　マリート　ノン　**ディ**ーチェ　ニ**エ**ンテ　ア　メ

目的語代名詞はアクセントを持たないため、強く発音することができません。このため、強調したい場合にはこの代名詞を使い、強く発音するのです。

フランス語では、主語を強調する場合にもこの代名詞を使います。フランス語では主語代名詞もアクセントを置くことができないため、強調する代名詞が必要となるのです。

F Moi, je pars samedi.「私のほうは土曜日に出発するの。」
ムワ　ジュ　パール　サムディ

スペイン語とイタリア語では、主語代名詞はアクセントが置かれるため、主語を強調したいときにはそのまま主語代名詞を使えばよく、フランス語のように他の代名詞を必要とはしません。両言語では、強調しない場合には主語が省略できるのでしたね。わざわざ主語代名詞を言うのは、強調したいときなのです。

S Yo salgo el sábado.　　**I** Io parto sabato.
ジョ　**サ**るゴ　エる　**サ**バド　　　イーオ　バルト　**サ**ーバト

人称代名詞を等位接続詞で結ぶ場合、フランス語では強勢形を使います。この際、moi, toi, vous が含まれる場合は、複数人称の主語代名詞で受けなおして言うのがふつうです。

F Elle et moi, nous dansons la valse.「彼女と僕はワルツを踊る。」
エれ　ムワ　ヌ　だんソン　ら　ヴァるス

スペイン語とイタリア語では主語代名詞をそのまま等位接続詞で結ぶだけでよく、複数の代名詞で受けなおすことはしません。動詞は複数人称の活用になります。

S Ella y yo bailamos el vals.　　**I** Io e lei balliamo il valzer.
エジャ　イ　ジョ　バイ**ら**モス　エる　**バ**るス　　　イーオ　エ　**れ**ーイ　バっりヤーモ　いる　**ヴァ**るツェル

★ 間接目的語が思考や感情の主体になる動詞

　日本語では人が主語となるのに対して、3言語では人が間接目的語で表される動詞があります。「〜と思われる、思う」という意味の paraître, parecer, parere がそうです。次の例では、主語となる「手袋（複数扱い）」を意味する名詞が複数扱いなので、動詞も複数形になっています。

「この手袋は高すぎるように私には思われる。」

F Ces gants me paraissent trop chers.
　セ　がん　ム　パレス　トゥロ　シェール

※ paraître は不規則動詞 connaître と同じパターンの活用をします。
　　　　　　　　　　　　　　コネトゥル

S Estos guantes me parecen demasiado caros.
　エストス　グワンテス　メ　パレセン　デマスィアド　カロス

I Questi guanti mi paiono troppo cari.
　クエスティ　グワンティ　ミ　パイヨノ　トゥロッポ　カーリ

※ parere は3人称複数形が不規則な形になります。

　「〜が好きだ」という意味を表すには、スペイン語とイタリア語では動詞 gustar, piacere を使います。「好き」という感情を持つヒトは間接目的語で表します。好きな対象となるモノを表す名詞は文法上の主語となり、動詞の後に置かれ、定冠詞がつきます。
　　グスタル　ピアチェーレ

「私はパンが好きだ。」

S Me gusta el pan.　　**I Mi piace il pane.**
　メ　グスタ　える　パン　　　ミ　ピヤーチェ　いる　パーネ

　フランス語では、英語の like と同じ使い方の他動詞 aimer を使います。
　　　　　　　　　　　　　　　　　　　　　　　　　　エメ

F J'aime le pain.
　じぇむ　る　パン

　gustar, piacere を使う場合、間接目的語が代名詞でなくふつうの名詞の場合は、前置詞 a をつけて動詞の前に置かれます。この時、スペイン語では間接目的語の名詞を間接目的語代名詞で受けなおすことが必要です。これを「代名詞の重複用法」といいます。イタリア語では重複する必要はありません。

「マリアはリンゴが好きだ。」

S A María le gustan las manzanas.　　**I A Maria piacciono le mele.**
　ア　マリア　れ　グスタン　らす　マンさナス　　　ア　マリーア　ピヤッチョノ　れ　メーれ

※この例では、好きな対象となるモノが数えられるので名詞が複数形となっているため、動詞も3人称複数形になります。piacere は不規則な活用をします。

gustar, piacere を否定文で使う場合には、間接目的語の名詞は否定の副詞の前に置きます。スペイン語では、否定の副詞が間接目的語の名詞と重複する間接目的語代名詞にはさまれる形になります。

「子供たちは野菜が好きではない。」

S A los niños no les gustan las verduras.
ア　ろス　ニニョス　ノ　れス　**グ**スタン　らス　ベル**ドゥ**ラス

I Ai bambini non piacciono le verdure.
アイ　バン**ビー**ニ　ノン　ピ**ヤ**ッチョノ　れ　ヴェル**ドゥ**ーレ

スペイン語では、身体部位の痛みを表す場合にもこの構文をとる動詞が使われます。doler という動詞で、volver と同じパターンの語根母音変化動詞です。

S Me duele la cabeza.　「私は頭が痛い。」
メ　ドゥ**エ**れ　ら　カ**ベ**さ

フランス語とイタリア語では、avoir, avere を使って「〜の痛みを持つ」という言い方をします。
ア**ヴ**ワール　ア**ヴェ**ーレ

F J'ai mal à la tête.　　**I** Ho mal di testa.
ジェ　**マ**ら　ら　**テ**ットゥ　　オ　**マ**る　ディ　**テ**スタ

3言語で表現の仕方が違う場合があって面倒な感じがしますが、それぞれの言語の個性を楽しみながら表現を覚えていただきたいと思います。

ネコたちのおしゃべり⑮

L 麻呂：前置詞の後にくる人称代名詞は、お前たちも直接・間接目的語とは形を
変えているようじゃな。わしの場合は前置詞ごとに格変化の形が決まっ
ていて何種類も形があるが、お前たちはどんな形を使うんじゃ？

F 奈：前置詞の後に置かれる語は、人称代名詞でも強く発音しなきゃいけないから、
目的語と同じ形じゃだめね。だから別の形を使うわ。もともと前置詞は弱く発音
されるものが多いから、その後の語も弱くしちゃうとよく聞き取れないからよ。

S 樹：僕も同じだけど、あんまりいろいろ形があるとややこしいから、1・2
人称の単数の形だけ特別なものにして、それ以外は主語と同じ形にして
るね。もともと主語の人称代名詞は強調するのが役目だから、ちょうど
いいんだ。前置詞の後にくる名詞や代名詞は主語には絶対ならないか
ら、間違えることもないしね。

I 美：私もそうね。もともと私は 3 人称でいろんな形の人称代名詞を持ってた
けど、特に会話ではそんなに必要ないから整理したわ。実は、3 人称の
主語で使ってる lui, lei, loro はもともとは「〜に」とか「〜の」の意味
を表す形だったのよ。それを主語にも使うようにして簡単にしちゃったの。

F 奈：私はそこまで単純にはしてないわ。私の場合は S 樹や I 美と違って、主
語の人称代名詞も強く発音することはできないからね。別の形を使って
しっかり発音できるようにしてるわ。ただ、1・2 人称複数形の nous,
vous と 3 人称女性形の elle, elles はアクセントを置きやすい母音が入
ってるから、同じ形を使うわね。

S 樹：前置詞の後に置かれる語は情報としても大事だからね。きちんとアクセ
ントを置いて、聞いてる人がちゃんとわかるようにしてあげないといけ
ないよね。

I 美：英語は前置詞の後にくる場合も人称代名詞が直接・間接目的語と同じ形
だって聞いたけど、私たちと違うわね。

L 麻呂：それはわしと同じように、どの人称代名詞でもアクセントを置いて発音する
ことができるからじゃ。そういう意味では、英語も形を整理して単純なもの
にしてるわけじゃ。これが最近の傾向なのかもしれんな。形がいろいろあ
ると、それはそれで便利なこともあると思うが、これも好みの問題かのぉ。

「私の祖父母は早起きです。」

♪84

F

Mes grands-parents se
メ　　　　　　グらンパラん　　　　　ス
lèvent de bonne heure.
れーヴ　　ドゥ　　　　　ボぬール

S

Mis abuelos se levantan
ミサブエろス　　　　　セ　　　　れバンタン
temprano.
テンプラノ

I

I miei nonni si alzano di
イ　ミエーイ　　　ノンニ　スィ　アるツァノ　ディ
buon mattino.
ブオン　　　マッティーノ

「自分を、自分に」という意味の再帰代名詞を伴う動詞、再帰動詞が使われています。英語でも再帰代名詞を使う enjoy oneself などの表現がありますが、3言語ではこの再帰動詞がとてもよく使われます。再帰代名詞は主語によって形が変わりますから、動詞の活用を学ぶときは再帰代名詞と一緒に丸ごと覚えるのがポイントです。

230

grands-parents ▶ 祖父母（男性名詞複数形）
se lèvent ▶ 起きる（se lever の 3 人称複数）
de bonne heure ▶ 朝早く

se lever の lever はつづりと発音に注意が必要な動詞でしたね。
grands-parents につく所有形容詞「私の」は複数形の mes となります。

abuelos ▶ 祖父母（男性名詞 abuelo「祖父」の複数形）
se levantan ▶ 起きる（levantarse の 3 人称複数）
temprano ▶ 早く（副詞）

abuelos につく所有形容詞「私の」は複数形の mis となります。

nonni ▶ 祖父母（男性名詞 nonno「祖父」の複数形）
si alzano ▶ 起きる（alzarsi の 3 人称複数）
di buon mattino ▶ 朝早く

nonni につく所有形容詞「私の」は男性複数形の miei となり、定
冠詞がつきます。

この文は文字通りには「朝早く起きる」という意味ですが、「早起きだ」という
習慣を表しています。動詞の現在形は、現在を含む過去から未来に続く長い時
間の中でくり返し行われる行為、つまり習慣を表すこともできます。英語と同じ
ように 3 言語にはいろいろな時制がありますが、今、私たちが勉強している現
在形がいちばん基本となる大切な時制だと言えます。

再 帰 動 詞

「自分を」「自分に」を表す再帰代名詞

　「自分を」「自分に」という意味を表す再帰代名詞と一緒に使われる動詞を「再帰動詞」と呼びます（フランス語の文法では「代名動詞」と呼びますが、この本では「再帰動詞」という名称を使うことにします）。再帰動詞の不定詞は、フランス語では再帰代名詞を動詞の前に置くのに対して、スペイン語とイタリア語では動詞の後ろに直接つないで1語のように書きます。イタリア語では不定詞の最後の -e を落とします。キーセンテンスに出てきた「起きる」という動詞 se lever, levantarse, alzarsi でそれぞれの言語での活用を見てみましょう。

フランス語	スペイン語		イタリア語	
je me lève じゅ ム れーヴ	yo メ	me levanto れバント	io ミ	mi alzo ァるツォ
tu te lèves チュ トゥ れーヴ	tú テ	te levantas れバンタス	tu ティ	ti alzi ァるツィ
il se lève いる ス れーヴ	él セ	se levanta れバンタ	lui スィ	si alza ァるツァ
nous nous levons ヌ ヌ るヴォン	nosotros ノス	nos levantamos れバンタモス	noi チ	ci alziamo ァるツィヤーモ
vous vous levez ヴ ヴ るヴェ	vosotros オス	os levantáis れバンタイス	voi ヴィ	vi alzate ァるツァーテ
ils se lèvent いる ス れーヴ	ellos セ	se levantan れバンタン	loro スィ	si alzano ァるツァノ

　1・2人称では再帰代名詞は目的語代名詞と同じ形で、3人称だけ単数・複数とも独自の形となります。フランス語とスペイン語では se（発音はそれぞれ「ス」と「セ」です）、イタリア語では si ですので混同しないようにしましょう。
　では、再帰動詞の基本的な使い方を見ていきます。

1）自動詞用法

他動詞を自動詞化する用法です。再帰動詞としてしか使われないものもあります。

「何というお名前ですか？」

F Comment vous appelez-vous ?（s'appeler）
こまん　　　　ヴザプれ　　　　ヴ　　　サプれ

S ¿Cómo se llama usted?（llamarse）
コモ　　セ　ジャマ　ウステ　　　ジャマルセ

I Come si chiama Lei?（chiamarsi）
コーメ　スィ　キヤーマ　れーイ　　キヤマールスィ

「青年はソファーに座る。」

F Le jeune homme s'assoit sur le canapé.（s'asseoir）
る　　じゅノム　　サスワ　スゅル　る　キャナペ　　サスワール

※不規則動詞で次のように活用します

je m'assois	tu t'assois	il s'assoit
じゅ　マスワ	チュ　タスワ	イる　サスワ
nous nous assoyons	vous vous assoyez	ils s'assoient
ヌ　ヌザスワヨン	ヴ　ヴザスウィエ	イる　サスワ

S El joven se sienta en el sofá.（sentarse、語根母音変化動詞）
エる　ホベン　セ　スィエンタ　エネる　ソファ　　センタルセ

I Il giovane si siede sul divano.（sedersi）
イる　ジョーヴァネ　スィ　スィエーデ　スる　ディヴァーノ　セデールスィ

※ sedere だけでも同じ意味で使えます。不規則動詞で次のように活用します

io mi siedo	tu ti siedi	lui si siede
イーオ　ミ　スィエード	トゥ　ティ　スィエーディ	るーイ　スィ　スィエーデ
noi ci sediamo	voi vi sedete	loro si siedono
ノーイ　チ　セディヤーモ	ヴォーイ　ヴィ　セデーテ	ろーロ　スィ　スィエードノ

「その女の子はひとりで服を着る。」

F La petite fille s'habille à elle seule.（s'habiller）
ら　プティットゥ　フィーユ　サビーユ　ア　エる　する　　サビエ

S La niña se viste por sí sola.（vestirse、語根母音変化動詞）
ら　ニニャ　セ　ビステ　ポルスィ　ソら　　ベスティルセ

I La bambina si veste da sola.（vestirsi）
ら　バンビーナ　スィ　ヴェステ　ダ　ソーら　ヴェスティールスィ

「彼は自分の誤りに気づいていない。」

F Il ne s'aperçoit pas de son erreur.（s'apercevoir de〜）

※不規則動詞で次のように活用します

je m'aperçois	tu t'aperçois	il s'aperçoit
nous nous apercevons	vous vous apercevez	ils s'aperçoivent

S No se da cuenta de su error.（darse cuenta de〜）

※直接目的語 cuenta があるのでこの文は自動詞用法ではありませんが、よく使う表現です。

I Non si accorge del suo errore.（accorgersi di〜）

「私は幼い頃を思い出す。」

F Je me souviens de mon enfance.（se souvenir de〜、venirと同じ活用をします）

※ accorgersi di 〜と se souvenir de 〜は再帰動詞としてしか使われない動詞です。

S Me acuerdo de mi infancia.（acordarse de〜、語根母音変化動詞）

I Mi ricordo della mia infanzia.（ricordarsi di〜）

※ricordareだけでも他動詞として同じ意味で使えます。

「私たちはそのお店に近づいている。」

F Nous nous approchons du magasin.（s'approcher de〜）

S Nos acercamos a la tienda.（acercarse a〜）

I Ci avviciniamo al negozio.（avvicinarsi a〜）

２）再帰用法

「自分を（自分に）～する」という意味を表します。再帰代名詞が直接目的語の場合と間接目的語の場合があります。

「私は自分の姿を鏡で見る。（直接目的語）」

F Je me regarde dans le miroir.（se regarder）
ジュ ム ルギャルドゥ だん る ミルワール ス ルギャルデ

S Me miro al espejo.（mirarse）
メ ミロ アれスペホ ミラルセ

I Mi guardo allo specchio.（guardarsi）
ミ グワルド アっろ スペッキョ グワルダールスィ

「彼女は顔を洗う。（間接目的語）」

F Elle se lave la figure.（se laver）
える ス らーヴ ら フィギュール ス らヴェ

S Se lava la cara.（lavarse）
セ らバ ら カラ らバルセ

I Si lava la faccia.（lavarsi）
スィ らーヴァ ファッチャ らヴァールスィ

※英語では「顔を洗う」と言う場合、her face のように所有格代名詞を使いますが、３言語では所有形容詞ではなく再帰動詞を使って表し、「顔」には所有形容詞ではなく定冠詞をつけます。

３）相互用法

主語が複数のときに、「お互いに～しあう」という意味を表します。やはり再帰代名詞が直接目的語の場合と間接目的語の場合があります。

「２人の若者は抱き合う。（直接目的語）」

F Les deux jeunes s'embrassent.（s'embrasser）
れ ドゥ じゅンヌ さんブラス さんブラセ

S Los dos jóvenes se abrazan.（abrazarse）
ろス ドス ホベネス セ アブラサン アブラさルセ

I I due giovani si abbracciano.（abbracciarsi）
イ ドゥーエ ジョーヴァニ スィ アップラッチャノ アップラッチャールスィ

「大統領たちは握手をする。（間接目的語）」

F Les présidents se serrent la main.（se serrer）
れ　　プレズィだん　　　ス　　　セール　　ら　　マン　　　　ス　セレ

S Los presidentes se estrechan la mano.（estrecharse）
ろス　　　プレスィ**デ**ンテス　　セ　　エストゥレチャン　　ら　　**マ**ノ　　　　エストゥレ**チャ**ルセ

I I presidenti si stringono la mano.（stringersi）
イ　プレズィ**デ**ンティ　スィ　ストゥ**リ**ンゴノ　　ら　　**マ**ーノ　　　ストゥ**リ**ンジェルスィ

　直接目的語をとる再帰動詞は、直接目的語を人称代名詞に代えたときには間接
目的語である再帰代名詞が前に置かれます。イタリア語では他の間接目的語代名
詞と同じように母音が変化し、se という形になります。上に挙げた間接目的語
再帰代名詞の 2 例を、直接目的語代名詞を使った文に代えると次のようになり
ます。

「彼女はそれを洗う。」

F Elle se la lave.　　**S** Se la lava.　　**I** Se la lava.
エる　ス　ら　らーヴ　　　　　セ　ら　　**ら**バ　　　　　セ　ら　**ら**ーヴァ

「大統領たちはそれを握る。」

F Les présidents se la serrent.
れ　　プレズィだん　　　ス　ら　セール

S Los presidentes se la estrechan.
ろス　　　プレスィ**デ**ンテス　　セ　ら　エストゥ**レ**チャン

I I presidenti se la stringono.
イ　プレズィ**デ**ンティ　　セ　ら　ストゥ**リ**ンゴノ

　再帰動詞にはいろいろな使い方があって大変ですが、慣れてくると案外便利な
ものです。ロマンス語らしい表現方法ですから、ぜひとも慣れ親しんでください。

— ことわざ㉒ ♪85

「歴史はくり返す」

F **L'histoire se répète.**
リストゥワール　ス　レペットゥ

S **La historia se repite.**
ら　イスト**リ**ア　セ　ル**レ**ピテ

I **La storia si ripete.**
ら　ス**ト**ーリヤ　スィ　ルリ**ペ**ーテ

　3言語で各単語が完全に対応している文で、意味も日本語訳そのままです。ここでの再帰動詞の用法は、「〜をくり返す」という他動詞を「〜がくり返す」という自動詞に変えるというものですが、「くり返される」という受け身のニュアンスも入っていると言えます。このように、再帰動詞はくり返し行われる行為や普遍的に成り立つ事柄を表すのにも使われます。

　英語でも History repeats itself. と再帰代名詞を使って他動詞の自動詞化が起こっていると言えますが、3言語のほうが再帰動詞を使った構文の使用頻度がはるかに高く、再帰動詞の便利さを教えてくれることわざです。さまざまな意味で奥が深い言葉で、あらためてかみしめたいものです。

ネコたちのおしゃべり⑯

L麻呂 : お前たちは再帰動詞という独特の動詞を持っていて、いろいろな使い方
があるようじゃな。わしにも再帰代名詞はあるが、別に再帰動詞と呼ぶ
ほど動詞と密接につながってはおらんのぉ。

S樹 : もともとはおじいちゃんと同じで、「自分」を指す代名詞が再帰代名詞
なんだけど、僕たちのは軽く発音する短い形だから、動詞にくっつけや
すくていろんな使い方をするようになったんだ。その一つが、主語が複
数のときに「お互い」を表すというものだね。もともと「自分」という
のは主語を指すという意味で主語に帰ってくるから再帰代名詞というけ
ど、「何かをお互いにしあう」というのも主語に帰ってくるって言える
よね。だから再帰代名詞が使われるんだ。「お互い」を意味する別な語
もあるけど、再帰動詞にすると簡単に表現できて、特に会話では便利な
んだぜ。

F奈 : 目的語をとる他動詞を、それに関係する自動詞に変えるっていうのも再
帰動詞の大事な役目ね。「自分を〜する」という意味から「自分で〜す
る」という意味に転じたと考えられるわ。日本語なんかでは「起こす」
と「起きる」のように動詞の形を変えてるけど、私たちは動詞そのもの
の形はそのままで、再帰代名詞を加えて再帰動詞にすることで、他動詞
と区別できるのよね。

I美 : 私もこのやり方は気に入ってるわ。こうすると、他動詞と意味が対応す
る自動詞に形の上でつながりが出てくるから、覚える単語の数をやたら
と増やす必要がなくって、効率がいいのよね。私たち現代人は、少ない
道具でたくさんのことができる経済性っていうのがとっても大事なのよ。

F奈 : 経済性は大切よね。私は文法を整理して、できるだけわかりやすく効率
的にしてるわ。でも、再帰動詞しか使わない動詞もいくつかあるから、
そこにいくらかは遊びも残してるつもりよ。

L麻呂：うーん、経済性か…。わしにはなかなかなじめないが、お前たちはいろいろと忙しいから、こういうやり方をしないと大変なんじゃろうな。昔のようなのんびりした感じじゃなくなったんじゃのぉ…。

猫の生活と再帰動詞

起きる

顔を洗う

鏡を見る

ソファに座る

何というお名前？

思い出す

「長距離バスは１０分後に
そこに到着します。」

♪86

フランス語

F

L'autocar y arrive dans dix
ろトキャール　　　　イアリーヴ　　だん　ディ
minutes.
ミニゅットゥ

スペイン語

S

El autocar llega ahí dentro
エらウトカル　　　ジェガ　　アイ　　デントゥロ
de diez minutos.
デ　ディエす　　ミヌトス

イタリア語

I

Il pullman ci arriva fra
イる　　プるマン　　チ　アルリーヴァ　フラ
dieci minuti.
ディエーチ　　ミヌーティ

英語の there にあたる、場所を表す代名詞を用いた文です。フランス語とイタ
リア語ではアクセントを持たず、動詞の前に置かれます。スペイン語では、英語
と同じようにアクセントを置くことができ、動詞の後に置くのがふつうです。目的
語代名詞とは違い、文脈ではっきりわかる場合には省略することができます。

autocar ▶ 長距離バス（男性名詞）　y ▶ そこに
arrive ▶ 到着する（arriver の 3 人称単数）
dans ▶ ～後に

「～後に」という時間表現は、英語の in にあたる前置詞 dans の後に時間の長さを表す語句を続けます。

autocar ▶ 長距離バス（男性名詞）
llega ▶ 到着する（llegar の 3 人称単数）　ahí ▶ そこに
dentro de ▶ ～後に

「～後に」という時間表現は、「～の中に」という意味の前置詞句 dentro de の後に時間の長さを表す語句を続けます。

pullman ▶ 長距離バス（男性名詞）　ci ▶ そこに
arriva ▶ 到着する（arrivare の 3 人称単数）　fra ▶ ～後に

「～後に」という時間表現は、「～の間に」という意味の前置詞 fra の後に時間の長さを表す語句を続けます。

フランス語とイタリア語には、目的語代名詞と同じように動詞の前に置かれ、「そこに」という場所を表す代名詞があります。このような目的語以外の要素を指す代名詞のことを副詞的代名詞と呼びます。スペイン語には副詞的代名詞はないため、場所を表す副詞が使われます。

副詞的代名詞

英語にはない独特の代名詞

　場所を表す表現など、主語や目的語となる名詞以外の要素を受ける代名詞を「副詞的代名詞」と呼びます。語順は、目的語代名詞のように動詞の前に置かれます。

　実は、副詞的代名詞については3言語で大きな違いがあります。スペイン語にはこの代名詞がないのです。したがって、以下で述べることはもっぱらフランス語とイタリア語に関することになります。両言語には2種類の副詞的代名詞があるので、1つずつ見ていきましょう。

★ 場所などを受ける副詞的代名詞

　フランス語では y、イタリア語では ci という語がこれにあたります。イタリア語では「私たちを、私たちに」を表す目的語代名詞と同じ形ですが、意味は違います。用法がいくつかあるので、分けて見ていきます。

1)「そこで、そこに」という場所を表す用法

　キーセンテンスで出てきた用法です。それほど強く場所を表す語ではなく、軽く示す程度です（特に「そこ」と言いたい場合には副詞 là（フランス語）、lì（イタリア語）を使います）。

「君はよくロンドンに行くの？ — うん、よく行くよ。」

F Tu vas souvent à Londres ? — Oui, j'y vais souvent.
チュ　ヴァ　 スヴぁん　ア　ロンドゥル　　ウィ　じ　ヴェ　スヴぁん

I Vai spesso a Londra? — Sì, ci vado spesso.
ヴァーイ　スペッソ　ア　ろンドゥラ　　スィ　チ　ヴァード　スペッソ

　これに相当するスペイン語の文では、場所表現はつけません。

S ¿Vas a menudo a Londres? — Sí, voy a menudo.
バス　ア　メヌド　ア　ろンドゥレス　　スィ　ボイ　ア　メヌド

２）前置詞句を受ける用法

　フランス語では「à + 名詞」、イタリア語では「a, in などの前置詞 + 名詞」を受ける用法です。

「その取引のことを考えてるの？ ― うん、考えてるよ。」

F Tu penses à cette affaire ? — Oui, j'y pense.
　　チュ　ぱンス　ア　セッタフェール　　ウィ　じ　ぱンス

I Pensi a questo affare? — Sì, ci penso.
　　ペンスィ　ア　クエスト　アッ**ファ**ーレ　スィ　チ　**ペ**ンソ

　この場合、スペイン語では前置詞の後に人称代名詞を置きます。

S ¿Piensas en este negocio? — Sí, pienso en él.
　　ピ**エ**ンサス　エ**ネ**ステ　**ネゴ**すぃオ　スィ　ピ**エ**ンソ　エ**れ**

★ 起点・不定の名詞などを受ける副詞的代名詞

　フランス語では前置詞と同じ形の en、イタリア語では ne という語がこれにあたります。この語は使い方がかなり複雑です。

１）「そこから」という起点を表す用法

　起点となる場所を示す用法ですが、こちらも軽く示す程度です。

「客たちは９時にレストランに入り、午前０時頃にそこを出る。」

F Les clients entrent dans le restaurant à neuf heures et en
　　れ　クリやン　あントゥル　だン　る　レストらン　ア　ぬヴゥール　エ　あン

　 sortent vers minuit.
　　ソルトゥ　ヴェール　ミニュイ

I I clienti entrano nel ristorante alle nove e ne escono verso
　　イ クリ**エ**ンティ　**エ**ントゥラノ　**ネ**る　ルリスト**ラ**ンテ　アっれ　**ノ**ーヴェ　エ　ネ　**エ**スコノ　**ヴェ**ルソ

　 mezzanotte.
　　メッツァ**ノ**ッテ

　スペイン語では動詞だけにするのがふつうですが、「そこから」という意味を強調したいのであれば、前置詞句 de allí を使います。

S Los clientes entran en el restaurante a las nueve y salen (de allí)
　　ろス　クリ**エ**ンテス　**エ**ントゥラン　エ**ネ**る　ルレスタウ**ラ**ンテ　ア　らス　ヌ**エ**ベ　イ　**サ**れン　デ　**ア**ジ

　 hacia medianoche.
　　アすぃア　メディア**ノ**チェ

2） 前置詞句を受ける用法

　フランス語では「de + 名詞」、イタリア語では「di + 名詞」の前置詞句を受ける用法です。

「みんな一日中そのことを話している。」

F Tout le monde en parle toute la journée.（parler de ～）
　　トゥ　る　モンドゥ　あん　パるる　トゥットゥ　ら　じゅるネ

I Tutti ne parlano tutto il giorno.（parlare di ～）
　　トゥッティ　ネ　パルらノ　トゥット　いる　ジョルノ

　スペイン語では「そのことについて」という意味の前置詞句を入れます。

S Todos hablan de eso todo el día.
　　トドス　アブらン　デ　エソ　トド　える　ディア

3） 不定の名詞を受ける用法

　以下の a), b) に挙げるような不定の名詞を受ける用法です。

a) 数量詞を伴う直接目的語を受ける

　前に出てきた名詞を受けて使われ、数量詞は目的語の位置に置かれます。

「君はいくつ車を持っているの？ ― ３台だよ。」

F Combien de voitures est-ce que tu as ? ― J'en ai trois.
　　コンビヤン　ドゥ　ヴワチゅール　エ　ス　ク　チゅ　ア　じゃんネ　トゥルワ

I Quante macchine hai? ― Ne ho tre.
　　クワンテ　マッキネ　アーイ　ネ　オ　トゥレ

　スペイン語では数量詞を動詞の後に置くだけです。

S ¿Cuántos coches tienes? ― Tengo tres.
　　クワントス　コチェス　ティエネス　テンゴ　トゥレス

b) 部分冠詞・不定冠詞複数形のついた直接目的語を受ける

　文脈上既出の部分冠詞や不定冠詞複数形のついた名詞全体を受ける用法です。
この用法は副詞的ではありませんが、 en, ne の重要な用法の一つです。
　　　　　　　　　　　　　　　　　あん　ネ

「ビールが欲しい？ ― いや、欲しくないよ。」

F Tu veux de la bière ? ― Non, je n'en veux pas.
　　チゅ　ヴぅ　ドゥら　ビエール　ノン　じゅ　なん　ヴぅ　パ

I Vuoi della birra? ― No, non ne voglio.
　　ヴオーイ　デぅら　ビルラ　ノ　ノン　ネ　ヴォぃりょ

スペイン語ではこのような場合、直接目的語を省略します。

S ¿Quieres cerveza? — No, no quiero.
  キエレス　　せるべさ　　　　　ノ　　ノ　　　キエロ

— ことわざ㉓　　　　　　　　　　　　　　　　　　　　♪87

「ない袖は振れぬ」

F Où il n'y a rien, le roi perd ses droits.
  ウ　イる　ニヤ　リヤン　る　ルワ　ペール　セ　ドゥルワ

S Donde no hay nada, el rey pierde sus
  ドンデ　　ノ　アイ　**ナ**ダ　　エる　ルレイ　ピエルデ　スス

derechos.
  デレチョス

I Dove non c'è nulla, il re non ha
  ドーヴェ　　ノン　チェ　**ヌ**ぅら　イる　ルレ　　ノ**ナ**

ragione.
  ルラジョーネ

　3言語で同じ意味を表す文となっていて、「何もないところでは王様は権利を失う」ということを表しています。フランス語とイタリア語では、存在を表すおなじみの構文が前半に使われていますね。実は、そこにこの課で学習した副詞的代名詞が含まれていることにお気づきでしょうか。スペイン語の hay という存在を表す動詞は、もともとは「持っている」という意味を表していた動詞 haber の現在形3人称単数形 ha に場所を表す語 y がくっついたものです。フランス語と同じなりたちの表現ということになるのです。ただ、現在ではこの y は単独では使われなくなってしまい、hay で1つの語とみなされています。

　このことわざは、「どんなに偉い人でも、与えられた状況に合わせていくしかない」ということを示していて、「ない袖は振れぬ」という日本のことわざにあたると言えますね。

「塩と胡椒を（私に）持ってきてください。」

♪88

フランス語

F

Apportez-moi le sel et
アポルテ　　　　　ムワ　　　る　　セる　　エ

le poivre, s'il vous plaît.
る　　ブワーヴル　　スィる　　ヴ　　　プれ

スペイン語

S

Tráigame la sal y
トゥ**ライ**ガメ　　ら　　サる　　イ

la pimienta, por favor.
ら　　ピミ**エ**ンタ　　　ポル　　ファ**ボ**ル

イタリア語

I

Mi porti il sale e il pepe,
ミ　　**ポ**ルティ　イる　**サ**ーれ　エ　イる　　**ペ**ーペ

per piacere.
ペル　　ピヤ**チェ**ーレ

親しくない間柄の1人の相手に丁寧に物事を頼むときに使う命令文です。この文では動詞が間接目的語をとる動詞なので、間接目的語人称代名詞が使われています。フランス語とスペイン語では動詞の後に、イタリア語では動詞の前に置かれていますね。どこに置くか語順はそれぞれの言語で決まっているので、例文のまま覚えるようにしましょう。

apportez ▶ 持ってくる（apporterのvous に対する命令形）
sel ▶ 塩（男性名詞）　poivre ▶ 胡椒（男性名詞）

「私に」という間接目的語代名詞は、命令文では動詞の後ろにハイフンでつなげます。この場合、me ではなく強勢形の moi となります。

traiga ▶ 持ってくる（traerのusted に対する命令形）
sal ▶ 塩（女性名詞）　pimienta ▶ 胡椒（女性名詞）

「私に」という間接目的語代名詞は命令形の後ろに直接つなげます。動詞のアクセントの位置は変わらないため、語幹の母音 a にアクセント記号をつけます。

porti ▶ 持ってくる（portare の Lei に対する命令形）
sale ▶ 塩（男性名詞）　pepe ▶ 胡椒（男性名詞）
per piacere ▶ どうぞ〜してください

イタリア語では「私に」という間接目的語代名詞は命令形の前に置きます。

英語と違い、3 言語では相手が親しい間柄か親しくない間柄かによって命令を表す動詞の形が違ってきます。この 2 つの使い分けはコミュニケーションをとる上で、とても大切です。まずはこのキーフレーズのように親しくない相手に伝える命令・依頼表現を覚え、それぞれの言語で話せる友達ができたら親しい間柄での表現も使えるようにすればよいでしょう。

命 令 文

依頼するときに使われる表現

　命令文は相手に命令をする表現である、というきついイメージがあるかもしれませんが、実際には、ものを頼んだり依頼するのに使われる表現です。英語では動詞の原形をそのまま使うので文法としては簡単ですが、3言語では親しい相手に言う場合と親しくない相手に言う場合で、形をきちんと区別しなければいけません。命令文で使う動詞のことを命令形と呼びます。

★ 親しくない相手に対する命令文

　フランス語では、vous で話しかける命令文です。すでに勉強した現在形の vous の形を主語をつけずにそのまま使います。相手が1人でも複数でも同じ形です。

F Parlez lentement, s'il vous plaît. 「どうぞゆっくり話してください。」
　　パルれ　　　らんトゥまん　　スィる　ヴ　プれ

F Fermez la porte. 「ドアを閉めてください。」
　　フェルメ　ら　ポルトゥ

　キーセンテンスのように、命令形が目的語代名詞や副詞的代名詞を伴う場合は、ハイフンで動詞の後につなぎます。次の文は再帰動詞の命令文です。

F Habillez-vous vite. 「急いで服を着てください。」
　　アビエ　　ヴ　ヴィットゥ

　スペイン語では、usted, ustedes で話しかける命令文です。フランス語と違い、動詞の形が現在形とは異なります。-ar 動詞の場合は単数が -e で複数が -en、-er 動詞と -ir 動詞の場合は単数が -a で複数が -an という語尾にそれぞれ変わります。語根母音変化動詞の場合は、現在形3人称の語根母音が使われます。

S Hable despacio, por favor. 「どうぞゆっくり話してください。」(usted に)
　　アブれ　　デスパすぃオ　　ポル　ファボル

S Cierre la puerta. (usted に) / Cierren la puerta. (ustedes に)
　　すぃエルレ　ら　プエルタ　　　　　　すぃエルレン　ら　プエルタ

　　　　　　　　　　　　　　　　　　　　　　　　「ドアを閉めてください。」

S **Vuelva temprano.**（usted に）/ **Vuelvan temprano.**（ustedes に）
　　プ**エ**る**バ**　　　テンプ**ラ**ノ　　　　　　　プ**エ**る**バン**　　　テンプ**ラ**ノ

　　　　　　　　　　　　　　　　　　　　「早く帰ってきてください。」

　キーセンテンスのように命令形が目的語代名詞を伴う場合は、動詞の後ろにつなげ、アクセントが置かれる動詞の母音の上にアクセント記号をつけます。再帰動詞の命令文の例もあげておきます。

S **Vístase rápido.**（usted に）/ **Vístanse rápido.**（ustedes に）
　　ビスタセ　ル**ラ**ピド　　　　　　　　**ビ**スタンセ　ル**ラ**ピド

　　　　　　　　　　　　　　　　　　　　「急いで服を着てください。」

　イタリア語では、Lei, voi（親しい相手にも使います）で話しかける命令文です。voi の場合は現在形と同じ形ですが、Lei の場合は動詞の形が現在形とは違います。-are 動詞の場合は -i、-ere 動詞と -ire 動詞の場合は -a という語尾にそれぞれ変わります。語幹は現在形1人称単数と同じ形です。

I **Parli lentamente, per favore.**（Lei に）「どうぞゆっくり話してください。」
　　パるリ　　れ**ン**タ**メ**ンテ　　　ペル　ファ**ヴォー**レ

I **Chiuda la porta.**（Lei に）/ **Chiudete la porta.**（voi に）
　　キ**ウー**ダ　ら　**ポ**ルタ　　　　　　キウ**デー**テ　ら　**ポ**ルタ

　　　　　　　　　　　　　　　　　　　　「ドアを閉めてください。」

I **Finisca il suo lavoro.**（Lei に）/ **Finite il vostro lavoro.**（voi に）
　　フィ**ニ**スカ　いる　**ス**ーオ　ら**ヴォー**ロ　　　フィ**ニー**テ　いる　**ヴォ**ストゥロ　ら**ヴォー**ロ

　　　　　　　　　　　　　　　　　　　　「仕事を終えてください。」

　キーセンテンスのように、命令形が目的語代名詞を伴う場合は、Lei の場合は現在形と同じように動詞の前に置かれるのに対し、voi の場合は動詞の後ろに直接つなげます。再帰動詞を使った命令文の例を下にあげます。

I **Si vesta in fretta.**（Lei に）/ **Vestitevi in fretta.**（voi に）
　　スィ　**ヴェ**スタ　イン　フ**レ**ッタ　　　ヴェス**ティー**テヴィ　イン　フ**レ**ッタ

　　　　　　　　　　　　　　　　　　　　「急いで服を着てください。」

★ 親しい相手に対する命令文

フランス語では、tu で話しかける命令文です。現在形の tu の形と同じですが、不定詞が -er で終わる動詞では語尾の -s を除きます。

F **Parle lentement.**「ゆっくり話して。」
パルる　　らんトゥまん

F **Finis ton travail.**「仕事を終わらせて。」
フィニ　トン　トゥラヴァイユ

tu に対する命令文でも、目的語代名詞や副詞的代名詞を伴う場合は、ハイフンで動詞の後につなぎます。このとき、te ではなく強勢形の toi となります。なお、y, en が命令形に続く場合、語尾の -s が復活してリエゾンします。

F **Habille-toi vite.**「急いで服を着て。」
アビーュ　　トゥワ ヴィットゥ

F **Parles-en.**「そのことについて話して。」
パルるざん

スペイン語では、tú, vosotros で話しかける命令文です。tú の場合は現在形の 3 人称単数形と同じ形になります。usted に対する命令形と語尾の母音 -a, -e が入れ替わると覚えてください。

S **Habla despacio.**「ゆっくり話して。」
アブら　　デスパすぃオ

S **Cierra la puerta.**「ドアを閉めて。」
すぃエルラ　ら　　プエルタ

S **Vuelve temprano.**「早く帰ってきて。」
ブエるべ　　テンプラノ

vosotros の場合は、不定詞の語末の -r を -d に代えます。この -d はほとんど発音されません。

S **Cerrad la puerta.**「ドアを閉めて。」
せルラ　　ら　　プエルタ

　命令形が目的語代名詞を伴う場合、動詞の後ろにつなげます。tú の場合には、動詞のアクセントが置かれる母音が後ろから 2 つめではなくなるので、アクセント記号をつけます。

S **Cómpralo.**（tú に）/ **Compradlo.**（vosotros に）「それを買って。」
　　コンプラろ　　　　　　　　　コンプラろ

S **Vístete rápido.**「（tú に）急いで服を着て。」
　　ビステテ　　ルラピド

　vosotros に対する再帰動詞の命令形では、語末の -d を落として再帰代名詞をつなげるので注意しましょう。-ir 動詞のみ、動詞のアクセントが置かれる母音の上にアクセント記号が必要です。これは、i が次の母音と二重母音を形成しておらず、アクセントを持つ短母音であることを示すためです。

S **Sentaos aquí.**「ここに座って。」
　　センタオス　　アキ

S **Vestíos rápido.**「急いで服を着て。」
　　ベスティオス　　ルラピド

　イタリア語では、tu で話しかける命令文です。-are 動詞の場合は現在形 3 人称単数形（lui）と同じ形、-ere 動詞と -ire 動詞の場合は現在形 2 人称単数形（tu）と同じ形になります。Lei に対する命令形と語尾の母音 -a, -i が入れ替わると覚えてください。

I **Parla lentamente.**「ゆっくり話して。」
　　パルら　　　　れンタメンテ

I **Chiudi la porta.**「ドアを閉めて。」
　　キウーディ　ら　ポルタ

I **Finisci il tuo lavoro.**「仕事を終えて。」
　　フィニッシ　いる　トゥーオ　らヴォーロ

　目的語代名詞などを伴う場合は、動詞の後ろに直接つなげます。

I **Vestiti in fretta.**「急いで服を着て。」
　　ヴェスティティ　イン　フレッタ

いずれの言語にも命令形で不規則な形を持つ動詞がありますが、複雑になるのでここでは扱いません。今後例を見たときに1つずつ覚えるようにしてください。

　スペイン語とイタリア語の命令文はなかなか面倒ですね。発音して感覚をつかみながら、少しずつ表現を覚えていきましょう。

― ことわざ㉔  ♪89

「<ruby>汝<rt>なんじ</rt></ruby> 自身を知れ」

F **Connais-toi toi-même.**
　　コネ　　　　トゥワ　　　　トゥワメム

S **Conócete a ti mismo.**
　　コノセテ　　　ア　ティ　　　ミスモ

I **Conosci te stesso.**
　　コノッシ　　　テ　　　ステッソ

　３言語でまったく同じ意味を表す文となっていて、自分自身のことを知る大切さを説いたソクラテスの有名な言葉です。「自分を知る」ということなので、直接目的語が再帰代名詞となっている再帰動詞の命令文となります。２人称の親称で話す相手に対する命令で、フランス語とスペイン語では再帰代名詞が命令形の動詞の直後に置かれていて、「自身」という部分を強調するために英語のyourself にあたる代名詞表現を続けています。イタリア語ではこの強調する代名詞のみが使われていて、Conosciti とはなりません。目的語を強調する場合、イタリア語では強調する代名詞だけを使えることは説明しましたね。

　実は人のことよりも自分のことのほうがよくわかっていないということはよくありますよね。再帰代名詞や命令形という文法事項を確認しながら、じっくりとかみしめたい言葉です。

「心配しないでください。」

♪90

フランス語

F

Ne vous inquiétez pas.
ヌ　　　　ヴザンキエテ　　　　パ

スペイン語

S

No se preocupe.
ノ　セ　　プレオ**ク**ペ

No se preocupen.
ノ　セ　　プレオ**ク**ペン

イタリア語

I

Non si preoccupi.
ノン　スィ　　プレ**オ**ックピ

Non preoccupatevi.
ノン　　　プレオック**パ**ーテヴィ

親しくない間柄の相手に物事をやめてほしいときに使う禁止文です。この文では再帰動詞が使われています。スペイン語とイタリア語では相手が1人か2人以上かで動詞の形が変わってきます。それぞれ1行目の文が1人に対して、2行目の文が2人以上に対して話しかける禁止文です。再帰代名詞が置かれる位置に注意しましょう。

再帰動詞 s'inquiéter「心配する」の vous に対する禁止文です。vous を主語とする現在形と同じ形の動詞を ne と pas ではさみます。再帰代名詞は動詞の直前に置かれます。禁止であることをはっきり示すために、文末の pas を強く発音します。

再帰動詞 preocuparse「心配する」の禁止文で、usted に対する形と ustedes に対する形が異なります。どちらの場合も再帰代名詞は se で、動詞の前に置かれます。肯定の命令文の場合と代名詞の位置が違うので注意しましょう。

再帰動詞 preoccuparsi「心配する」の禁止文で、Lei に対する形と voi に対する形が異なります。voi に対する形では、再帰代名詞を動詞の後ろに置くほかに、Non vi preoccupate. と動詞の前に置くこともできます。

親しくない相手に言う場合には、3 言語とも英語と同じように命令文と禁止文の動詞の形が同じなので、比較的簡単です。イタリア語の voi に対する禁止文では、再帰代名詞を動詞の後でも前でもどちらに置くこともできますが、肯定の命令文と同じように動詞の後につなげるほうがふつうです。

禁 止 文

否定語をつける他にも決まりがある

　禁止文とは、否定形の命令文です。禁止文にも多少面倒な決まりがあります。命令文よりは使う機会は少ないと思いますが、聞き取りができるようにしておくことが重要です。命令文との違いに注意しながら、基本的な禁止文を学びましょう。

★ 親しくない相手に対する禁止文

　フランス語では、vous で話しかける場合です。禁止を表す命令文では、命令形の動詞を ne と pas ではさんで否定文にします。

F Ne descendez pas du train.「電車から降りないでください。」
　　ヌ　　　デさんデ　　　　パ　デゅ　トゥラン

　禁止文では、目的語代名詞などは現在形の場合と同じように、動詞の前に置かれます。

F Ne le prenez pas.「それを取らないでください。」
　　ヌ　る　プルネ　　パ

F Ne vous approchez pas de ce quartier.
　　ヌ　　ヴザプロシェ　　　パ　ドゥ　ス　キャルティエ

　　　　　　　　「その地区には近寄らないでください。（s'approcher）」
　　　　　　　　　　　　　　　　　　　　　　　　　　　　ザプロシェ

　スペイン語では usted, ustedes で話しかける場合で、禁止文は no を命令形の前に置くだけです。

S No baje del tren.（usted に）/ No bajen del tren.（ustedes に）
　　ノ　バへ　デる　トゥレン　　　　　　　　ノ　　バヘン　デる　トゥレン

　　　　　　　　「電車から降りないでください。」

　目的語代名詞は動詞の前に置かれます。

S No lo tome.（usted に）/ No lo tomen.（ustedes に）
　　ノ　ろ　トメ　　　　　　　　ノ　ろ　トメン

　　　　　　　　「それを取らないでください。」

S No se acerque a ese barrio.（usted に）/
　　ノ　セ　アせルケ　ア　エセ　バルリオ

⑤ No se acerquen a ese barrio.（ustedes に）
　ノ　セ　アセルケン　ア　エセ　バルリオ

　　　　　　　「その地区には近寄らないでください。（acercarse）」
　　　　　　　　　　　　　　　　　　　　　　　アセルカルセ

　イタリア語では Lei, voi（親しい相手にも使います）で話しかける場合で、禁
止文は non を動詞の前に置くだけです。
Ⅰ Non scenda dal treno.（Lei に）「電車から降りないでください。」
　ノン　シェンダ　だる　トゥレーノ

　目的語代名詞の位置は、肯定の命令文の場合と同じです。ただし、voi の場合
は代名詞を動詞の前に置くこともできます。
Ⅰ Non lo prenda.（Lei に）「それを取らないでください。」
　ノン　ろ　プレンダ

Ⅰ Non prendetelo. / Non lo prendete.（voi に）
　ノン　プレンデーテろ　　　ノン　ろ　プレンデーテ

　　　　　　　　　　　「それを取らないでください。」

Ⅰ Non si avvicini a quel quartiere.（Lei に）
　ノン　スィ　アッヴィチーニ　ア　クエる　クワルティエーレ

Ⅰ Non avvicinatevi a quel quartiere. ／
　ノナッヴィチナーテヴィ　　ア　クエる　クワルティエーレ

　Non vi avvicinate a quel quartiere.（voi に）
　ノン　ヴィ　アッヴィチナーテ　ア　クエる　クワルティエーレ

　　　　　　　　「その地区には近寄らないでください。（avvicinarsi）」
　　　　　　　　　　　　　　　　　　　　　　　アッヴィチナールスィ

★ 親しい相手に対する命令文

　フランス語では tu で話しかける場合で、禁止文は命令形の動詞を ne と pas
ではさみます。
Ｆ Ne descends pas du train.「電車から降りないで。」
　ヌ　デさん　バ　デュ　トゥラン

　目的語代名詞などは動詞の前に置かれます。
Ｆ Ne le prends pas.「それを取らないで。」
　ヌ　る　プらん　バ

Ｆ Ne t'inquiète pas.「心配しないで。」
　ヌ　タンキエトゥ　バ

Ｆ Ne t'approche pas de ce quartier.「その地区には近寄らないで。」
　ヌ　タプロシュ　バ　ドゥ　ス　キャルティエ

スペイン語では tú, vosotros で話しかける場合で、禁止は no を動詞の前に置くだけではなく、命令文とは形も変わり、-ar 動詞の場合は tú が -es で vosotros が -éis、-er 動詞と -ir 動詞の場合は tú が -as で vosotros が -áis という語尾になります。tú の場合のみ、語根母音変化動詞では現在形の 3 人称の語根母音が使われます。

	tú	vosotros
-ar動詞	動詞語幹（語根母音変化動詞では現在形3人称の語根母音）＋es	動詞語幹＋éis
-er / -ir動詞	動詞語幹（語根母音変化動詞では現在形3人称の語根母音）＋as	動詞語幹＋áis

S **No bajes del tren.**（tú に）/ **No bajéis del tren.**（vosotros に）
ノ バヘス デる トゥレン　　　　ノ バヘイス デる トゥレン

「電車から降りないで。」

S **No vuelvas tarde.**（tú に）/ **No volváis tarde.**（vosotros に）
ノ ブエるバス タるデ　　　　ノ ボるバイス タるデ

「帰りが遅くならないようにして。」

S **No cierres la puerta.**（tú に）/ **No cerréis la puerta.**（vosotros に）
ノ すぃエるレス ら プエるタ　　　ノ せるレイス ら プエるタ

「ドアを閉めないで。」

目的語代名詞は動詞の前に置かれます。

S **No lo tomes.**（tú に）/ **No lo toméis.**（vosotros に）
ノ ろ トメス　　　　ノ ろ トメイス

「それを取らないで。」

S **No te preocupes.**（tú に）/ **No os preocupéis.**（vosotros に）
ノ テ プレオクペス　　　　ノ オス プレオクペイス

「心配しないで。」

S **No te acerques a ese barrio.**（tú に）/
ノ テ アせるケス ア エセ バルリオ

No os acerquéis a ese barrio.（vosotros に）
ノ オサせるケイス ア エセ バルリオ

「その地区には近寄らないで。」

　イタリア語では tu で話しかける場合で、禁止文は non を動詞の前に置くだけではなく、スペイン語と同じように命令文とは形も変わり、動詞は不定詞と同じ形になります。

I **Non scendere dal treno.**「電車から降りないで。」
　　　ノン　　　シェンデレ　　　だる　トゥレーノ

　目的語代名詞などは動詞の後ろに直接つなげ、動詞の語尾 -e は落とします（代名詞を前に置くこともできます）。

I **Non prenderlo. / Non lo prendere.**「それを取らないで。」
　　　ノン　　　プレンデルロ　　　ノン　ろ　　プレンデレ

I **Non preoccuparti. / Non ti preoccupare.**「心配しないで。」
　　　ノン　　　プレオックパールティ　　　ノン　ティ　　プレオックパーレ

I **Non avvicinarti a quel quartiere. /**
　　　ノナッヴィチナールティ　ア　クエる　　クワルティエーレ

　　Non ti avvicinare a quel quartiere.「その地区には近寄らないで。」
　　　ノン　ティ　アッヴィチナーレ　ア　クエる　　クワルティエーレ

　スペイン語とイタリア語では命令文と禁止文で動詞の形が変わる場合もあって、混乱しそうですね。禁止文は、最初のうちは自分で話すよりは聞き取るほうが大切なので、とりあえず聞いてわかればいい、というくらいの気持ちでかまわないでしょう。

ネコたちのおしゃべり⑰

F奈 : 私、不思議に思うんだけど、みんななんで命令文がそんなにややこしい形になるのかな。私にもちょっと面倒で不規則な命令形はあるけど、I美やS樹は度が過ぎてるって感じがするわ。

I美 : いちばんの理由は、親しい相手のときは2人称の活用なのに対して、親しくない相手には3人称の活用だから、形を変えなければならないっていうことね。話し相手に3人称の形を使うっていうのはおじいちゃんにはないわよね。3人称にはそれ専用の命令形なんてもともとないから、接続法という別の形を借りて命令を表したの。だから活用が複雑になっちゃってるわけよ。

S樹 : 僕は、禁止文は全部接続法を使うから、肯定の命令文と禁止文で形が違う場合ができちゃって、さらに複雑になってるよね。でもI美は親称の単数で不定詞を使って禁止文にするよね。あれはなんでかな。

I美 : 大好きなおじいちゃんのまねなのよ。私は接続法の2人称単数と3人称単数が同じ形になっちゃってるから、そのまま接続法を使うと親称と敬称の区別ができなくなっちゃうのよね。

S樹 : 僕は接続法でこの2つの形がちゃんと区別されてるから、そのまま禁止文として使うことができるんだな。

F奈 : 私は現在形の形をだいたいそのまま肯定命令文と禁止文の両方に使えるから、そんなに面倒になってないわけね。英語とおんなじね。敬称に3人称じゃなくて2人称複数を使ってるっていうのも大きいわね。2人称にはもともと命令形があるもんね。

I美 : 私も2人称の複数はF奈と同じで現在形をそのまま使ってるわ。複数では親称と敬称の区別がないのもF奈といっしょね。

L 麻呂： お前たちは相手が親しいかそうじゃないかをしっかり区別する気配りを
してるから、こういうことが起きるんじゃな。会話を大事にする若者ら
しい発想じゃな。わしもバチカンにおしゃべりしに行ってくるか…。

「私は1年前に
この映画を見ました。」

♪91

フランス語

F

J'ai vu ce film il y a un an.
じぇ　ヴゅ　ス　フィるム　イリヤ　アンなん

スペイン語

S

Vi esta película hace
ビ　エスタ　ぺりくら　アせ

un año.
ウナニョ

イタリア語

I

Ho visto questo film
オ　ヴィスト　クエスト　フィるム

un anno fa.
ウナンノ　ファ

最後の文法事項として、過去のできごとを表す表現を学びます。この文で出てくる動詞の形は、過去形の中でいちばんよく使われるものです。フランス語とイタリア語では、すでに勉強した avoir, avere の現在形が使われていますが、スペイン語では別の形となっています。英語の a year ago「1年前に」にあたる時間表現がそえられています。

ai vu ▶ 見た（voir の複合過去形1人称単数）

film ▶ 映画（男性名詞）　il y a ▶ 〜前に

an ▶ 年（男性名詞）

il y a は「〜がある」という存在を表す表現として学びましたが、期間を表す時間表現を伴って「〜前に」という意味を表します。

vi ▶ 見た（ver の点過去形1人称単数）

película ▶ 映画（女性名詞）　hace ▶ 〜前に

año ▶ 年（男性名詞）

hace は「〜する」という意味の動詞の現在形ですが、期間を表す時間表現を伴って「〜前に」という意味を表します。

ho visto ▶ 見た（vedere の近過去形1人称単数）

film ▶ 映画（男性名詞）　anno ▶ 年（男性名詞）

fa ▶ 〜前に

fa は「〜する」という意味の動詞の現在形ですが、期間を表す時間表現の後ろに置かれて「〜前に」という意味を表します。

過去を表す動詞の形は3言語によって呼び方が違います。フランス語の複合過去形とイタリア語の近過去形は、英語の現在完了形と作り方が同じです。スペイン語の点過去形は、英語のいわゆる過去形にあたるものと考えてください。いずれも「〜した」という意味で、過去に起こったできごと・行為を表すときに使う形です。

過去形 ①

英語と異なり過去を表す表現もいろいろ

　いよいよ、過去のことを表す表現を学びます。英語にも過去形という形がありますが、3言語には過去形が何種類もあり、使い分けがなかなか複雑です。ここでは会話などでいちばんよく使われる過去形を学ぶことにします。形がいろいろあるので、2回に分けて学びます。過去形が使えると、表現できる幅がぐんと広がり、その言語で見る世界観が変わってくるような感じさえします。

★ Ｆ フランス語

　フランス語で「〜した」を表すのは複合過去形と呼ばれる形です。英語の現在完了形と同じように、完了を表す助動詞に過去分詞という形をつけて、2語で過去のできごとを表現します。

　まずは過去分詞の作り方を見ましょう。第1群規則動詞は不定詞の語尾 -er を -é に、第2群規則動詞を含む不定詞が -ir で終わる大半の動詞は -ir を -i にそれぞれ代えます。

左は不定詞、右は過去分詞

acheter → acheté
　　　　　アシュテ

manger → mangé
　　　　　まんじェ

travailler → travaillé
　　　　　　トゥラヴァィエ

dormir → dormi
　　　　　ドルミ

finir → fini
　　　フィニ

servir → servi
　　　　セルヴィ

　これ以外の語尾で不定詞が終わる動詞や -ir で終わる一部の動詞は、過去分詞が不規則な形になります。よく使う動詞の例をあげておきます。

左は不定詞、右は過去分詞

avoir → eu （発音に注意してください）
　　　　ゆ

connaître → connu
　　　　　　コニュ

dire → dit
　　　ディ

être → été
　　　エテ

lire → lu
　　　りゅ

pouvoir → pu
　　　　　ピュ

rire → ri
　　　リ

vivre → vécu
　　　　ヴェキュ

vouloir → voulu
　　　　　ヴりゅ

boire → bu
　　　ビュ

devoir → dû
　　　　デュ

écrire → écrit
　　　　エクリ

faire → fait
　　　　フェ

offrir → offert
　　　　オフェール

prendre → pris
　　　　　プリ

savoir → su
　　　　スゅ

voir → vu
　　　ヴゅ

　以上の過去分詞につける完了の助動詞は avoir の現在形が基本です。acheter「買う」の複合過去形の活用を確認しましょう。

acheter「買う」の複合過去形の活用

j'ai acheté
じェ　アシュテ

tu as acheté
チュ　ア　アシュテ

il a acheté
イら　アシュテ

nous avons acheté
ヌザヴォン　アシュテ

vous avez acheté
ヴザヴェ　アシュテ

ils ont acheté
イるゾンタシュテ

例文も見てみましょう。目的語代名詞は助動詞の前に置きます。

J'ai bu beaucoup de vin.「私はワインをたくさん飲んだ。」
じぇ　ビゅ　　ボ<u>2</u>　　　ドゥ　ヴァン

Vous avez lu ce roman ?
ヴザヴェ　　りゅ　ス　ロまん

　　　　　　　　　「君たち（あなた、あなたたち）はその小説を読んだの？」

La classe a fini à midi.「授業は正午に終わった。」
ら　　クらス　ア　フィニ　ア　ミディ

La professeure leur a donné des livres.
ら　　プロフェッすール　　るぅーラ　　ドネ　　デ　　リヴル

　　　　　　　　「先生（女性）は彼らに本をあげた。」

Ce tableau m'a plu beaucoup.
ス　タブろ　　マ　ブりゅ　　ボ<u>2</u>

　　　　　　「私はこの絵がとても気に入った。（plaîre「気に入る」）」
　　　　　　　　　　　　　　　　　　　　　　　　　　プれール
※ plaîre という動詞は、スペイン語の gustar やイタリア語の piacere と同じ
　　　　　　　　　　　　　　　　　グスタル　　　　　　　　　　ピヤチェーレ
　ように、感情の主体である人が間接目的語で表されます。

　否定文は、助動詞 avoir の現在形を ne と pas ではさみます。pas を過去分
詞の後ろに置かないように注意しましょう。

Pierre n'a pas pu dormir.「ピエールは眠れなかった。」
ピエール　　ナ　バ　ビゅ　ドルミール

★ S スペイン語

スペイン語では、「点過去形」と呼ばれる形が使われます。フランス語とは違い、助動詞は使わず、動詞そのものを活用させます。語尾は -ar 動詞と -er 動詞・-ir 動詞共通の語尾の 2 種類です。

-ar動詞	
yo	**-é**
tú	**-a**ste
él	-ó
nosotros	**-a**mos
vosotros	**-a**steis
ellos	**-a**ron

-er動詞、-ir動詞	
yo	**-í**
tú	**-i**ste
él	**-ió**
nosotros	**-i**mos
vosotros	**-i**steis
ellos	**-ie**ron

赤字で示した部分が各タイプの語尾の特徴的なところです。llegar, beber, salir の活用を確認しましょう。llegar の 1 人称単数では綴りの規則で g の後に u が入ります。

	llegar	beber	salir
yo	lleg**u**é ジェゲ	bebí ベビ	salí サリ
tú	llegaste ジェガステ	bebiste ベビステ	saliste サリステ
él	llegó ジェゴ	bebió ベビ**オ**	salió サリ**オ**
nosotros	llegamos ジェガモス	bebimos ベビモス	salimos サリモス
vosotros	llegasteis ジェガステイス	bebisteis ベビステイス	salisteis サリステイス
ellos	llegaron ジェガロン	bebieron ベビ**エ**ロン	salieron サリ**エ**ロン

caer「落ちる」, leer「読む」, oír「聞こえる」のように不定詞の語幹が母音で終わる動詞では、3人称単数・複数で語尾のiがyに変わります。これは、母音が3つ連続するのを避け、発音しやすくするためです。さらに、これらの動詞は語尾のiにアクセントが置かれることを示すためにアクセント記号をつけます。leer の活用で確認しましょう。

yo	leí れイ
tú	leíste れイステ
él	leyó れジョ
nosotros	leímos れイモス
vosotros	leísteis れイステイス
ellos	leyeron れジェロン

キーセンテンスで出てきた ver も規則的に活用しますが、1音節なのでアクセント記号をつけません。

yo	vi ビ
tú	viste ビステ
él	vio ビオ
nosotros	vimos ビモス
vosotros	visteis ビステイス
ellos	vieron ビエロン

また、dar「与える」は -ar 動詞ですが、点過去形では例外的に -er 動詞のように活用し、ver に似た形になります。

例文も見てみましょう。

yo	di ディ
tú	diste ディステ
él	dio ディオ
nosotros	dimos ディモス
vosotros	disteis ディステイス
ellos	dieron ディエロン

Me gustó mucho este cuadro.
メ　グスト　ムチョ　エステ　クワドゥロ

　「私はこの絵がとても気に入った。」

Nos levantamos a las seis.
ノス　　　れバンタモス　ア　らス　セイス

　「私たちは6時に起きた。」

Bebí mucho vino.「私はワインをたくさん飲んだ。」
ベビ　ムチョ　ビノ

¿Leísteis esa novela?
れイステイス　エサ　ノべら

　「君たち（あなたたち）はその小説を読んだの？」

Las chicas salieron.「女の子たちは出かけた。」
らス　チカス　サリエロン

268

La profesora les dio unos libros.
ら　プロフェ**ソ**ラ　れス　ディ**オ**　ウノス　**リ**ブロス

「先生（女性）は彼らに本を何冊かあげた。」

　規則動詞ではすべての人称で語幹が同じですが、語根母音が変化する -ir 動詞では３人称単数・複数のみ語根母音が変化します。「e → ie」と変化する動詞と「e → i」と変化する動詞は母音 e が i に、「o → ue」と変化する動詞は母音 o が u にそれぞれ変化します。それ以外の人称では不定詞と同じ語幹が使われます。

　sentir「感じる」(yo siento, tú sientes, ...), pedir「注文する、頼む」(yo
センティル
pido, tú pides, ...), dormir「眠る」(yo duermo, tú duermes, ...) の活用を
　　　　　　　　　　ドルミル
確認しましょう。

	sentir	pedir	dormir
yo	sentí センティ	pedí ペディ	dormí ドルミ
tú	sentiste センティステ	pediste ペディステ	dormiste ドルミステ
él	sintió スィンティ**オ**	pidió ピディ**オ**	durmió ドゥルミ**オ**
nosotros	sentimos センティモス	pedimos ペディモス	dormimos ドルミモス
vosotros	sentisteis センティステイス	pedisteis ペディステイス	dormisteis ドルミステイス
ellos	sintieron スィンティ**エ**ロン	pidieron ピディ**エ**ロン	durmieron ドゥルミ**エ**ロン

例文も見てみましょう。

Pidieron cerveza. 「彼らはビールを注文した。」
ピディ**エ**ロン　　　せル**ベ**さ

¿Durmió usted bien anoche? 「あなたは昨夜よく寝ましたか？」
ドゥルミ**オ**　　ウス**テ**　ビ**エ**ン　アノチェ

269

★ I イタリア語

　イタリア語では「近過去形」と呼ばれる形が使われます。作り方はフランス語の複合過去形と同じで、完了を表す助動詞に過去分詞という形をつけます。

　規則動詞の過去分詞の基本的な作り方は、-are 動詞は不定詞の語尾 -are を -ato に、-ere 動詞は -ere を -uto に、-ire 動詞は -ire を -ito にそれぞれ代えます。

左は不定詞、右は過去分詞

mangiare → mangiato
マンジャーレ　　　　マンジャート

parlare → parlato
パルラーレ　　　パルラート

conoscere → conosciuto （発音とつづりの関係からiを入れます）
コノッシェレ　　　コノッシュート

dovere → dovuto
ドヴェーレ　　　ドヴート

potere → potuto
ポテーレ　　　ポトゥート

sapere → saputo
サペーレ　　　サプート

volere → voluto
ヴォれーレ　　　ヴォるート

finire → finito
フィニーレ　　　フィニート

servire → servito
セルヴィーレ　　　セルヴィート

　過去分詞が不規則な形になる動詞はたくさんあります。特に -ere 動詞は不規則なもののほうが多いと言えます。よく使う動詞の例をあげておきます。

左は不定詞、右は過去分詞

bere → bevuto
ベーレ　　　ベヴート

dire → detto
ディーレ　　　デット

fare → fatto
ファーレ　　　ファット

leggere → letto
れッジェレ　　　れット

offrire → offerto
オッフリーレ　　　オッフェルト

prendere → preso
プレンデレ　　　プレーゾ

ridere → riso
ルリーデレ　　　ルリーゾ

scegliere → scelto
シェぃりぇレ　　　シェると

scrivere → scritto
スクリーヴェレ　　　スクリット

vedere → visto
ヴェデーレ　　　ヴィスト

vivere → vissuto
ヴィーヴェレ　　　ヴィッスート

　以上の過去分詞につける完了の助動詞は avere の現在形が基本です。フランス語と同じですね。 comprare「買う」の近過去形の活用を確認しましょう。

comprare「買う」の近過去形の活用

io	ho comprato
tu	hai comprato
lui	ha comprato
noi	abbiamo comprato
voi	avete comprato
loro	hanno comprato

　例文も見てみましょう。

Ho bevuto molto vino.「私はワインをたくさん飲んだ。」

Avete letto quel romanzo?

　　　　　　　「君たち（あなた・あなたたち）はその小説を読んだの？」

La professoressa ha dato loro dei libri.

　　　　　　　「先生（女性）は彼らに本を何冊かあげた。」

　否定文は、助動詞 avere の現在形の前に non を置きます。

Pietro non ha potuto dormire.「ピエトロは眠れなかった。」

— ことわざ㉕ ——————————————————————————————————————— ♪92

「千慮の一失」

E **Pour un point, Martin perdit son âne.**
　　　ブラン　　　　　ブワン　　　　マルタン　　　　ベルディ　　　　ソンナンヌ

S **Por un punto ruin perdió su asno**
　　　ポルン　　　**プント**　　　ルルイン　　　ベルディ**オ**　　　ス　　　**ア**スノ

　　　Martín.
　　　マル**ティ**ン

I **Per un punto Martin perse la cappa.**
　　　ペルン　　　**プント**　　マル**ティ**ン　　　ベルセ　　　ら　　　**カッパ**

　フランス語とスペイン語では、「見失ったロバを探していて、どういうロバか
と尋ねられたところ、毛の色を言い間違えたために結局ロバを渡してもらえなか
った」という逸話を表しています。1つのささいな点のためにロバを1頭失った
という意味です。イタリア語のほうは、文を書くときにピリオド（点）の打ち方
を間違えたために、ケープすなわち修道院長の地位を得ることができなかったこ
とを表す文です。「油断大敵」にも通じることわざですね。

　いずれの文も過去の出来事を表しており、過去形が使われています。スペイン
語の perdió はこの課で習った点過去形ですが、フランス語の perdit とイタリ
ア語の perse はいずれも主に書き言葉で使われる過去形で、この課では扱って
いません。さらに勉強を進めていく中で学んでいってください。

272

「私は去年
カナダに行きました。」

♪93

フランス語

F Je suis allé au Canada
ジュ　　スュイザれ　　オ　　キャナダ
l'année dernière.
らネ　　　デルニエール

スペイン語

S Fui a Canadá el año
フイ　ア　　カナダ　　エらニョ
pasado.
パサド

イタリア語

I Sono andato in Canada
ソーノ　　アンダート　イン　　カーナダ
l'anno scorso.
らンノ　　スコルソ

過去の表現を引き続き学びます。フランス語の複合過去形、イタリア語の近過去形には、前回学んだものとは違う助動詞 être, essere が使われています。これらの文は「私」が男性のときに使われるもので、女性の場合には過去分詞の語尾が変わります。スペイン語の文では不規則な点過去形が使われていて、主語が男性でも女性でも使えます。

suis allé ▶ 行った（aller の複合過去形1人称単数・男性）
Canada ▶ カナダ（男性名詞） l'année dernière ▶ 去年

année は「年」を意味する女性名詞、dernière（男性形 dernier）は「最後の、前の」という意味の形容詞です。「去年」は l'an dernier とも言います。どちらも前置詞はつきません。

fui ▶ 行った（ir の点過去形1人称単数）
Canadá ▶ カナダ（男性名詞） el año pasado ▶ 去年

año は「年」を意味する男性名詞で、pasado は「過ぎ去った、前の」という意味の形容詞です。前置詞はつきません。英語でも last year と前置詞はつきませんね。

sono andato ▶ 行った（andare の近過去形1人称単数・男性）
Canada ▶ カナダ（男性名詞） l'anno scorso ▶ 去年

anno は「年」を意味する男性名詞、scorso は「この前の」という意味の形容詞です。前置詞がつかない点は同じですね。

フランス語では、国名を表す男性名詞の前では前置詞と定冠詞の融合形 au が使われます。女性名詞の場合は en が冠詞なしで使われますので注意しましょう（en France「フランスへ、フランスで」）。スペイン語では、行き先を表す前置詞は常に a を使います。イタリア語では、国名の前では場所・行き先のどちらを表す場合も in を使います。

過 去 形 ②

よく使う動詞の注意すべき過去形

ここでは、前回学んだのとは違うパターンで変化する過去形を学びます。最初は難しく見えますが、慣れてくるとそれほどでもありません。よく使う動詞が多く、なかなか便利なので、がんばって覚えましょう。

★ F フランス語

複合過去形で、一部の自動詞は助動詞として avoir でなく être を使います。
これは英語の現在完了形と大きく違う点です。aller「行く」, arriver, entrer,
rentrer, partir, sortir「出る、出かける」, venir「来る」など移動を表す動詞
や rester がそうです。これらの動詞のうち、過去分詞が不規則なのは venir だけです。

venir → venu
ヴニュ

être が助動詞に使われる場合、過去分詞が主語の性・数に一致するという規則があります。男性単数は変える必要がなく、女性単数は -e、男性複数は -s、女性複数は -es という語尾を過去分詞につけます。形容詞の語尾と同じ変化ですね。sortir「出る」の複合過去形の活用を確認しましょう。

主語が女性であれば je suis sortie, tu es sortie, vous êtes sortie、主語が女性だけの複数ならば nous sommes sorties, vous êtes sorties となるわけです。

例文も見てみましょう。

sortir「出る」の複合過去形の活用
je suis sorti(e) ジュ スュイ ソルティ
tu es sorti(e) チュ エ ソルティ
il est sorti イれ ソルティ
elle est sortie エれ ソルティ
nous sommes sorti(e)s ヌ ソム ソルティ
vous êtes sorti(e)（敬称の単数） ヴゼットゥ ソルティ
vous êtes sorti(e)s（複数） ヴゼットゥ ソルティ
ils sont sortis イる ソン ソルティ
elles sont sorties エる ソン ソルティ

Elle est arrivée hier.「彼女は昨日着いた。」
エれタリヴェ   イエール

Les filles sont parties.「女の子たちは出かけた。」
れ   フィーュ   ソン   パルティ

再帰動詞も助動詞には être を使います。再帰代名詞は助動詞の前に置かれます。

Nous nous sommes levés à six heures.「私たちは6時に起きた。」
ヌ　ヌ　ソム　るヴェ　ア　スィずール

　否定文は、助動詞が avoir の場合とまったく同じで、助動詞 être の現在形を
ne と pas ではさみます。

Marie n'est pas venue.「マリは来なかった。」
マリ　ネ　パ　ヴニュ

★ Ⓢ スペイン語

　点過去形は不規則な活用をする動詞がけっこうあります。現在形が不規則な動
詞は点過去形も不規則な場合が多いと言えます。このような動詞は、語幹は不定
詞や現在形と異なるので覚えなければなりませんが、すべての人称に共通のもの
です。また、語尾は以下のように不規則動詞に共通の語尾変化をします。よく使
う動詞の活用と一緒に見てみましょう。

語尾	yo	tú	él	nosotros	vosotros	ellos
	-e	-iste	-o	-imos	-isteis	-ieron

	decir デすィル	estar エスタル	hacer アセル	saber サベル	venir ベニル	poder ポデル
yo	dije ディへ	estuve エストゥベ	hice イせ	supe スペ	vine ビネ	pude プデ
tú	dijiste ディヒステ	estuviste エストゥビステ	hiciste イすィステ	supiste スピステ	viniste ビニステ	pudiste プディステ
él	dijo ディホ	estuvo エストゥボ	hizo イそ	supo スポ	vino ビノ	pudo プド
nosotros	dijimos ディヒモス	estuvimos エストゥビモス	hicimos イすィモス	supimos スピモス	vinimos ビニモス	pudimos プディモス
vosotros	dijisteis ディヒステイス	estuvisteis エストゥビステイス	hicisteis イすィステイス	supisteis スピステイス	vinisteis ビニステイス	pudisteis プディステイス
ellos	dijeron ディヘロン	estuvieron エストゥビエロン	hicieron イすィエロン	supieron スピエロン	vinieron ビニエロン	pudieron プディエロン

いずれの動詞も語幹の母音が変わっているのがわかると思います。decir「言う」,estar, saber では、不定詞にない子音が出てきています。細かい注意点としては、decir で 3 人称複数の j の後で -ieron の i が落ち、hacer の 3 人称単数で綴り字の規則のために -o の前で c が z に変わります。

　唯一この不規則動詞のルールに従わないのが ser と ir です。おもしろいことに、この 2 つの動詞は点過去形がまったく同じ形になります。微妙に規則通りにはいかないので、そのまま口調で覚えてしまいましょう。

　例文もいくつか見ておきます。

yo	**fui** フイ
tú	**fuiste** フイステ
él	**fue** フエ
nosotros	**fuimos** フイモス
vosotros	**fuisteis** フイステイス
ellos	**fueron** フエロン

María no vino.「マリーアは来なかった。」
マリア　ノ　ビノ

Pedro no pudo dormir.「ペドロは眠れなかった。」
ペドゥロ　ノ　プド　ドルミル

★ I イタリア語

　イタリア語の近過去形でも、フランス語と同じように助動詞に essere を使う自動詞があります。ただし、フランス語よりかなり数が多いと言えます。例えば andare「行く」, arrivare, entrare, partire「出発する」, tornare「帰る」, uscire, venire「来る」など移動を表す動詞のほかに、essere, finire（「終わる」という意味の自動詞の場合）、piacere, rimanere, stare などがあります。これらのうち、過去分詞が不規則なものや注意すべき動詞をあげておきます。

> 左は不定詞、右は過去分詞
>
> **essere → stato**
> エッセレ　　スタート
>
> **piacere → piaciuto**
> ピヤチェーレ　　ピヤチュート
>
> **rimanere → rimasto**
> ルリマネーレ　　ルリマスト
>
> **venire → venuto**
> ヴェニーレ　　ヴェヌート

essere が助動詞に使われる場合、フランス語と同じように過去分詞が主語の性・数に一致します。やはり形容詞の語尾と同じように、男性単数の -o という語尾を女性単数は -a、男性複数は -i、女性複数は -e にそれぞれ代えます。uscire「出る」の近過去形の活用を確認しましょう。

uscire「出る」の近過去形の活用	
io	sono uscito/uscita ソーノ　ウッシート　ウッシータ
tu	sei uscito/uscita セーイ　ウッシート　ウッシータ
lui	è uscito エ　ウッシート
lei	è uscita エ　ウッシータ
Lei	è uscito/uscita エ　ウッシート　ウッシータ
noi	siamo usciti/uscite スィヤーモ　ウッシーティ　ウッシーテ
voi	siete usciti/uscite スィエーテ　ウッシーティ　ウッシーテ
loro	sono usciti/uscite ソーノ　ウッシーティ　ウッシーテ

例文も見てみましょう。

Le ragazze sono uscite.
れ　　ルラガッツェ　ゾーノ　ウッシーテ

「女の子たちは出かけた。」

È arrivata ieri . 「彼女は昨日着いた。」
エ　アルリヴァータ　イエーリ

La lezione è finita a mezzogiorno. 「授業は正午に終わった。」
ら　　れツィヨーネ　エ　フィニータ　ア　　メッヅォジョルノ

Mi è piaciuto molto questo quadro. 「私はこの絵がとても気に入った。」
ミ　エ　ピヤチュート　　もるト　　クエスト　　クワドゥロ

再帰動詞も助動詞には essere を使います。再帰代名詞は助動詞の前に置かれます。

Ci siamo alzati alle sei. 「私たちは 6 時に起きた。」
チ　スィヤーモ　あるツァーティ　アぅれ　セーイ

否定文は、助動詞が avere の場合と同じように、essere の現在形の前に non を置きます。

Maria non è venuta. 「マリーアは来なかった。」
マリーア　　ノネ　　ヴェヌータ

過去のことを言うのもなかなか大変だというのが正直なところだと思います。過去形はほかにもいろいろな形があると言ったら、「もうたくさんだ」という声が聞こえてきそうですね。実はロマンス語は動詞の変化、特に過去形がとても多く、マスターするのが大変なのです。しかし、いろいろな形があるのはそれなりの理由があるので、それを考えながら学ぶと新しいものの見方に気づくことができます。これはとても楽しいことで、外国語を学ぶ醍醐味はこういうところにもあるのではないかと思います。

ネコたちのおしゃべり⑱

L 麻呂：お前たちは過去を表すときに、わしが使わんような助動詞とやらをつけ
ておるな。あれはどういうことかな。

F 奈：おじいちゃんから受け継いだ過去形も私たちは持ってるけど、活用が複
雑だし、紛らわしいのがあって会話のときは大変なのよね。だからお父
さんの世代に動詞の活用を整理して、助動詞と過去分詞をくっつけた新
しい現在完了形っていう形を作ったの。こうすればややこしい不規則動
詞の活用もなくなるしね。この現在完了形を I 美と私はふつうの過去形
としても使うようになったっていうわけ。

I 美：おじいちゃんの過去形は特に不規則動詞が複雑すぎて、さすがの私もち
ょっと会話では使う気にはならないわ。でも書き言葉ではちゃんと守っ
て使ってるわよ。この過去形はレトロな味があって好きなの。

S 樹：僕は、現在完了形とは別に過去形も残して今でも会話で使っているね。
ただし、おじいちゃんに比べると不規則動詞の活用はだいぶ整理して簡
単にはしたけどね。でも、F 奈と I 美は助動詞に have だけじゃなくて
be も使うよね。あれはなぜなのかな。僕は have しか使わないよ。

I 美：ちょっと難しくなるけど、動詞には 2 種類あって、人間が意図的に行う
動作を表す動詞と、状態の変化や出来事の発生を表す動詞に分けられる
の。前のほうは「行為を行なって完了したという事実」を持っていると
とらえられるから have を助動詞に使うんだけど、後のほうは変化や発
生が完了すると結果としての状態が残るから、形容詞っぽいでしょ。そ
の状態を表すのに be がぴったりということになるのよ。

F 奈：私はそこらへんをかなり整理して、be を助動詞に使うのをかなり減ら
しちゃったけどね。I 美は be をよく使うわよね。

280

S 樹 : なるほど、そういうことだったのか。僕は現在完了形は過去形ほどは使わないけど、助動詞は have だけにしてすっきりしたな。英語もいっしょだね。

L 麻呂 : 今回学んだ以外にも、過去のできごとを表すための言い方を 3 人ともたくさん持っておるな。過去の出来事というのは大事だからな。わしのように年齢を重ねてくると、人生を振り返って身に染みてくるんじゃ。過去を正しくわかちあうためにも、過去に関する表現をできるだけ大事にしたいものじゃの。

おうちにいると、昔のことを思い出して、思い出話をしたくなりませんか？

そんなときは画像検索してみましょう

| フランス語 | la maison d'être |
| イタリア語 | la casa di essere |

être, essere を用いる過去時制を使いこなして、
楽しい思い出話を

勉強を終えたみなさんへ

　3言語を一緒に学ぶという無謀とも言える試みに、最後までお付き合いいただきありがとうございました。いろいろとお話ししたいことが多く、つめ込みすぎたのではないかとも思いますが、それぞれの言語のおもしろさや、複数の言語を同時に学ぶ楽しさを是非ともお伝えしたいという思いで筆を進めてきました。

　この本で扱った内容はまだまだ初級のレベルで、これらの言語をよりよく知るにはさらに勉強を続けていただく必要があります。幸い、フランス語・スペイン語・イタリア語には、それぞれ優れた入門書・文法書がたくさん出版されています。次頁に何冊かを挙げましたので参考になさって下さい。書店で手に取ってご覧になり、ご自分で勉強しやすいものを選んでぜひとも勉強を続け、これらの言語のさらなる魅力を味わっていただきたいと思います。

　言葉は単なるコミュニケーションの道具にとどまらず、様々な思想や文化を包み込んだ、人間が生み出したもっとも偉大な財産の一つです。外国語を学ぶということは、この人類共通の宝に触れ、自分の人生を豊かにすることだと思います。この本が、みなさんのこれからの勉強の架け橋となるようでしたら、筆者として望外の喜びです。

藤田　健

さらなる学習のために

より深く勉強するための書籍を以下に紹介しておきます。

★フランス語
・『フランス語の ABC ［新版］』
　　数江 譲治（白水社／2021年）　978-4-5600-8906-4
・『フランス文法総まとめ』
　　東郷 雄二（白水社／2019年）　978-4-5600-8818-0
・『NHK 出版 これならわかるフランス語文法 入門から上級まで』
　　六鹿 豊（NHK 出版／2016年）　978-4-1403-5147-5

★スペイン語
・『新版 スペイン語の入門』
　　瓜谷 良平・瓜谷 望（白水社／2015年）　978-4-5600-8704-6
・『NHK 出版 これならわかるスペイン語文法 入門から上級まで』
　　廣康 好美（NHK 出版／2016年）　978-4-1403-5140-6

★イタリア語
・『イタリア語の ABC ［改訂版］』
　　長神 悟（白水社／2018年）　978-4-5600-8783-1
・『NHK 出版 これならわかるイタリア語文法 入門から上級まで』
　　武田 好（NHK 出版／2016年）　978-4-1403-5141-3

メ モ

メモ

メモ

メモ

【著者紹介】

藤田　健（ふじた　たけし）

◉——1968年青森県弘前市生まれ。北海道大学大学院文学研究院教授。京都大学大学院文学研究科博士後期課程修了。博士（文学）。

◉——専門分野はフランス語・スペイン語・イタリア語を中心とするロマンス語対照言語学、統語論。

◉——著書に【単著】『ロマンス語再帰代名詞の研究—クリティックとしての統語的特性』（北海道大学出版会）、【分担執筆】『言語研究の諸相—研究の最前線』（北海道大学出版会）、『情報科学と言語研究』（現代図書）がある。

イラスト：株式会社にゃんとまた旅（ミューズワーク）
　　　　　小林由枝（熊アート）

フランス語 スペイン語 イタリア語　3言語が同時に身につく本

2024年1月22日　　第1刷発行
2024年11月1日　　第4刷発行

著　者——藤田　健
発行者——齊藤　龍男
発行所——株式会社かんき出版
　　　　　東京都千代田区麴町4-1-4 西脇ビル　〒102-0083
　　　　　電話　営業部：03（3262）8011㈹　編集部：03（3262）8012㈹
　　　　　FAX　03（3234）4421　　　　　振替　00100-2-62304
　　　　　https://kanki-pub.co.jp/
印刷所——シナノ書籍印刷株式会社